Medicações Espirituais

A FELICIDADE se revela quando a
VOCAÇÃO encontra seu PROPÓSITO

LUIS FERNANDO PETRACA
Espírito FREI FABIANO DE CRISTO

Medicações Espirituais

A FELICIDADE se revela quando a VOCAÇÃO encontra seu PROPÓSITO

MEDICAÇÕES ESPIRITUAIS : a felicidade se revela quando a vocação encontra seu propósito
Copyright © 2024 by Luis Fernando Petraca
1ª Edição | Novembro de 2024 | 1º milheiro

Dados Internacionais de Catalogação na Publicação (CIP)
(Câmara Brasileira do Livro, SP, Brasil)
Cristo, Fabiano de, Frei (Espírito)
Medicações espirituais : a felicidade se revela quando a vocação encontra seu propósito / espírito Frei Fabiano de Cristo ; [psicografia de] Luis Fernando Petraca. -- Belo Horizonte, MG : Editora Dufaux, 2024.

256 pág. - 16 x 23 cm
ISBN: 978-65-87210-71-1

1. Autoconhecimento 2. Espiritismo 3. Felicidade I. Petraca, Luis Fernando. II Título
24-237631   CDD — 133

Índices para catálogo sistemático:
1. Felicidade : Espiritualidade 133
Eliete Marques da Silva - Bibliotecária - CRB-8/9380

Impresso no Brasil | Printed in Brazil | Presita en Brazilo

EDITORA DUFAUX
Rua Contria, 759 – Alto Barroca
Belo Horizonte – MG – Brasil
CEP: 30431-028
Telefone: (31) 3347-1531
comercial@editoradufaux.com.br
www.editoradufaux.com.br

FSC Conforme novo acordo ortográfico da língua portuguesa ratificado em 2008.
Todos os direitos reservados à Editora Dufaux. É proibida a sua reprodução parcial ou total através de qualquer forma, meio ou processo eletrônico, digital, fotocópia, microfilme, internet, cd-rom, dvd, dentre outros, sem prévia e expressa autorização da editora, nos termos da Lei 9.610/98 que regulamenta os direitos de autor e conexos.
"Ao adquirir os exemplares originais da Editora Dufaux, você estará nos ajudando a preservar os Direitos Autorais."

Sumário

SUMÁRIO 5

PREFÁCIO 7
    Desafios do Movimento Espírita 7
    Sobre o Médium 10
    De Novo, Nada de Novo! 11

INTRODUÇÃO 17

PROPÓSITO E VOCAÇÃO 23
    Conhecimento Espiritual e Autodescobrimento 35
    Felicidade 38

VIBRAÇÃO 43
    Emoção 47
    Preocupação 56
    O Poder do Centro 57

COMPLEXOS 61
    Educação 79
    O que fazer com o que fizeram de mim? 85

DIFERENCIAÇÃO EXTERNA 93
    Estruturação Interna 99

RAZÃO E INTUIÇÃO 107
    Oriente e Ocidente 111

MITOS DA CRIAÇÃO E ASSOCIAÇÃO 119
    Evolução 128

Entendimento e Vulnerabilidade. 137

    Servir é uma Honra 145

Coragem de Ser Imperfeito 159

    Analfabeto Funcional 168

Antifragilidade 175

    Volatilidade 180

Suicídio e Dever 191

    Lei 201

Humildade e Obsessão 207

    Oração 212

Enfermidade e Essência 223

    Morte. 229

    Justiça, Amor e Caridade 233

Perfeição e Plenitude 243

Prefácio

Desafios do Movimento Espírita

A Doutrina Espírita surgiu na França em 1857 com a edição do *Livro dos Espíritos* por Allan Kardec, com objetivo técnico de pesquisa científica. Há de diferenciar doutrina e movimento: a Doutrina Espírita é um gigante em braços de pigmeus que constituem o movimento espírita.

O movimento chegou ao Brasil de forma organizada na virada para o século XX com a participação de Adolfo Bezerra de Menezes Cavalcanti. Bezerra de Menezes formatou as atividades das casas espíritas para sua atuação no atendimento mediúnico por reuniões, receituários e assistência social pela doação de cestas básicas, marcando seu primeiro período no país, enquanto hospital de espíritos.

Por volta dos anos 40, teve seu segundo período com a publicação das obras de Emmanuel e André Luiz por Francisco Cândido Xavier. Fortaleceu sua missão assistencial com a criação de hospitais, orfanatos e asilos. Através da bandeira: "Fora da caridade não há salvação", consolidou sua função de oficina.

Nos anos 70, começou a terceira fase, enquanto educandário, através dos estudos das obras da codificação escrita por Kardec, através de palestras e estudos sistematizados, além da evangelização infantil.

Visava o fortalecimento das bases de sua estrutura doutrinária, como escola sobre informações da espiritualidade no outro lado da vida.

Nos anos 90, através da série psicológica de Joanna de Ângelis psicografada por Divaldo Pereira Franco, surgiu sua quarta fase, a da escola da alma encarnada na Terra, quanto a seu autodescobrimento de forma reflexiva e intimista. Voltando para dentro, descobriram-se outras necessidades, além da caridade feita para fora de forma assistencial.

Com as grandes mudanças da lei, sociedade e visão do movimento espírita, no final do século passado, precisou adaptar-se para continuar de acordo com as expectativas e regras vigentes. A publicação da Constituição Federal de 1988, na qual caracteriza o país como laico, e sua lei orgânica para assistência social, não permite distinções de crenças na utilização de verba pública e cria uma rede de assistência gratuita.

O fato é que marcos civis e jurídicos mudam, mas a humanidade do bem precisa encontrar formas de melhor servir, no novo contexto, sem ferir regras sociais e ética. Em caso de financiamento público, a doutrina não pode ser oferecida. No investimento privado, adota-se o não constrangimento, ela precisa ser facultativa a assistência social, sem mercadejar com a fé dos atendidos.

É preciso conter o papel de mártir carregando o mundo nas costas, encaminhando e acompanhando os necessitados aos serviços públicos que têm direitos, utilizando a rede que existe, desonerando-se de ter que criar novamente. Exerçamos a cidadania com a participação em conselhos de direitos como representantes da sociedade para melhor aplicação dos recursos públicos.

Aprendamos a fazer assistência com promoção social, tirando o necessitado da condição de dependência. A estratégia é a escola de formação para recolocação do assistido no mercado de trabalho, saindo do assistencialismo.

Com a pandemia da covid-19, tivemos três anos de dificuldade de convivência social e com aumento de problemas mentais. A tecnologia da internet foi instrumento de acolhimento e instrução, através das lives e redes sociais, criando acessibilidade ao conhecimento espírita a acamados, impedidos pela família, medrosos, integrantes de outras religiões e preguiçosos. Este público que frequentava a casa espírita apenas para busca de conteúdo estão assistidos e não voltaram às reuniões presenciais.

Precisaremos novamente nos adequar, apresentando à sociedade a potencialidade terapêutica do trabalho voluntário, em que no socorro da dor, vamos também nos curando. Deixemos de concorrer com as outras religiões e passemos a colaborar em integração com as boas iniciativas. Tolerância é pouco, agora precisamos de trabalho em rede. Nossos opositores não são religiões, mas o materialismo.

Atentemos que a tecnologia facilitou a aquisição do conhecimento a distância e que a casa espírita agora precisa oferecer serviços. Olhemos para as oportunidades que se abrem com a adoção das Práticas Integrativas e Complementares (PICS) pela Organização Mundial de Saúde (OMS) e sua regularização no Brasil, para o tratamento da saúde e bem-estar. As PICS tratam o ser integral na sua complexidade material, energética, emocional, mental e espiritual.

Estamos diante da possibilidade de exercer a medicina da alma dentro do regramento sanitário, buscando a prática da caridade com transformação interior e responsabilidade social. Acreditemos que espiritualidade é realidade, longe de crenças religiosas. Qualquer movimento que tenha finalidade em si mesmo será desumano. Ter pessoas como meio e doutrina como fim é distanciar-se do propósito do bem.

A grande dificuldade do bem é a sua prática. Essa solução com PICS foi implementada há quase uma década na cidade de Campo Grande (MS), com a associação beneficente Hospital Espiritual Médicos do Além (HEMA), fazendo milhares de atendimentos mensais, de forma gratuita e voluntária, sem recurso público.

Sobre o Médium

Nascido aos 25 dias do mês de agosto de 1972, na cidade de Dracena (SP), Luis Fernando Petraca, passou sua infância e adolescência em Fátima do Sul (MS), onde concluiu o ensino fundamental e médio. Aos 17 anos, chegou a Campo Grande (MS) para cursar o ensino superior, formou-se em bacharel em Ciências da Computação. Aprovado em concurso público, fez sua carreira na Justiça do Trabalho, como analista judiciário. Vindo de família católica, desde a infância foi assombrado pelos seus fantasmas do mundo espiritual, despertando a curiosidade para o estudo da doutrina dos espíritos e atividade mediúnica.

Por volta dos 40 anos, foi acometido por uma doença neuromuscular, deixando maiores sequelas na dicção e fraqueza na locomoção, época em que encontrou a falange Fritz dos médicos do além, que lhe propôs trabalho na cura espiritual com o espírito do alemão, doutor Ricardo Stein, supervisionado pelo espírito do Frei Fabiano de Cristo, que durante o transe mediúnico essas sequelas desaparecem.

Graduando em Biomedicina e pós-graduando em Terapias Integrativas e Complementares. Fundou em Campo Grande (MS), o HEMA, onde atende gratuitamente a população através de terapias das práticas integrativas sob orientação dos médicos espirituais. São milhares de atendimentos mensais que por meio da promoção de curas, despertam a alma para seus propósitos espirituais.

De Novo, Nada de Novo!

A maior dificuldade da obra foi convencer José de Anchieta a parar de trabalhar para escrever um livro. Desde a colonização do novo continente, continua ele, sem descanso, evangelizando em terras brasileiras. Fabiano, o enfermeiro do Cristo, jamais quis tornar-se médico e muito menos escritor. Sempre que convidado a escrever, dizia que não tinha nada de novo a dizer para a humanidade até que o evangelho do Cristo não fosse praticado. Convencido a dar sua interpretação de trabalhador no serviço de consolo aos sofredores, disse-nos: De novo, nada de novo!

No título já vemos uma provocação, *Medicações Espirituais* em vez de remédios, dando a tônica de rigor científico e responsabilidade técnica e ética. As iniciais do subtítulo, *Propósito e Vocação*, P&V não é mera coincidência e faz alusão a uma releitura do *Pensamento e Vida* de Emmanuel. A construção das ideias é dotada dessas "coincidências" que deixaremos ao leitor para desvendar.

A obra percorre a construção do psiquismo humano e seus automatismos, desde a concepção das camadas do cérebro reptiliano, límbico e córtex, mostrando seu desenvolvimento por repetição, dando origem aos complexos, enquanto respostas automáticas que não passam pelo crivo da razão, necessitando ser dessensibilizados com a formação de novos condicionamentos, resultante da mudança de crença pela adoção de propósitos para a evolução espiritual.

Os propósitos são os norteadores da vocação e os desativadores dos complexos, pela ressignificação das experiências, pelo olhar para a vida com um sentido transcendental, produzindo condicionamentos mais adequados com a verdade compreendida. São por meio deles que conseguimos aferir se os nossos passos estão no caminho certo. Quando não se sabe onde quer chegar, não interessa qual caminho escolher e tudo parecerá caos e sem sentido.

Vocação não é apenas inclinação natural para uma profissão específica, mas também a soma dos reflexos das experiências que trazemos de outras vidas. Por esses reflexos, aproveitamos o conhecimento adquirido anteriormente para a construção do futuro. É pela capacidade expressa na vocação que teremos o mérito para a recepção dos talentos confiados por Deus, enquanto carta de crédito com objetivos definidos para cumprimento de nossa parte na obra da criação. O conhecimento espiritual, pelo despertar da espiritualidade em nós, pavimentará nosso caminho rumo ao autodescobrimento que provocará nossa transformação moral.

A vibração, por meio de seu meio de propagação, cria as emoções que despertam as ideias, compõem nossas ondas mentais, que por sintonia nos conectam ao ambiente, talham nossos corpos e destinos. As emoções são gatilhos que sensibilizam os complexos, formam os pensamentos, que refletidos, transformam-se em sentimentos, proporcionando o viver com consciência, enquanto movimento de equilíbrio para estabilização de nosso centro essencial, na expressão adequada daquilo que somos.

Os complexos são áreas compostas por ideias e sensações, que surgem da repetição de experiências em torno de um mesmo tema, vindas dos atavismos evolutivos e das regras impostas pela sociedade para nos aceitar enquanto modelo de sucesso. São pontos de maior sensibilidade do psiquismo e respondem à revelia da razão, de forma automática ao estímulo das emoções dos acontecimentos da vida, necessitando do direcionamento dos propósitos para alcançar a felicidade que nos aguarda.

Felicidade é a oportunidade humana de ser o melhor que se pode diante das circunstâncias da vida presente, e no decorrer do aprendizado, aprimorar as ações perante o futuro das possibilidades que se renovarão.

No estado evolutivo em que nos encontramos, somos manipulados pelos valores que nos dão no mundo exterior. Nunca seremos livres, se os nossos méritos estiverem atrelados a esses conceitos que vem de fora e jamais suprirão nossos vazios interiores. Para uma estrutura interna fortalecida é preciso apoiar-se nos valores que possuímos por dentro. Façamos uma releitura mais benéfica e produtiva de: De onde viemos? Como isso nos influenciou? E como vivenciamos isso hoje? E as respostas nos conduzirão ao alinhamento de nossa regra de conduta com sua expressão na vida.

O homem que se orgulha da sua consciência racional, ainda, pouco compreende, dado o mecanismo da razão que sempre precisa excluir para significar, revelando que a racionalidade não será o sentido de compreensão necessário para sua chegada aos mundos regenerados.

O sentido que precisamos alcançar para evoluir ao próximo nível é a intuição. Essa que diferente da racionalidade, pondera vários ângulos do mesmo tema para descobrir a verdade que não está apenas no olhar por um sentido, mas também na ponderação de todas as direções apreciáveis.

Através dos mitos compreendemos os símbolos enquanto linguagem entre consciente e inconsciente. Da revelação e da explanação dos mitos fundadores de nações diferentes, encontramos a concordância entre eles, mesmo que nenhum desses povos tenha convivido na Terra. Os mitos, enquanto expressão dos arquétipos, são símbolos universais de cada civilização, responsáveis pelo seu nascimento e apogeu.

É na reciprocidade e na ressonância que nossos pensamentos encontram sintonia nas mentes alheias e recomeçam a vibrar na mesma frequência. Seríamos um diapasão de consciências e pensamentos alheios se não possuíssemos vontade, mas para fazer o exercício dela, é preciso presença. Estar vigilante, tendo ciência de que não somos os nossos pensamentos. Somos a essência, a consciência que vai perceber esses pensamentos e ressignificá-los, conforme a sua vontade. O ser humano será fruto do meio se a sua vontade não atuar.

Se queremos o melhor das outras pessoas, plantemos o melhor de nós em seus corações. Como a vida é relacionamento, precisamos conscientizar que somos os artífices da harmonia e dos conflitos. É pelo entendimento enquanto ferramenta, que compreenderemos o próximo. Colheremos a harmonia quando o entendimento nos levar a um acordo e a uma síntese. A busca do caminho do bem, não é o ponto médio entre os extremos. O caminho do meio que harmoniza, é o ponto que está acima das duas polaridades.

A mentalidade de perfeição destrói o potencial dos reencarnados em desenvolver-se, criando narcisistas. Já que a alma humana é vulnerável por natureza, e esse é o seu processo evolutivo, mas a personalidade no mundo não pode ser assim, então, precisamos nos esconder para que não descubram que somos vulneráveis. Precisamos fantasiar, usar máscaras, e sempre estar atento para não se mostrar, tomando conta do pensamento para não ser o que somos.

Os recursos quanto à compreensão de cada um, foram tomando formas melhores, e hoje já podemos entender o ser humano além da sua capacidade de resiliência. Resilientes são as palmeiras que frente a força do vento, curvam-se para não quebrar, mas que passada a tempestade, voltam a sua posição original. O homem é mais que isso, é antifrágil, aquele que tem capacidade de beneficiar-se, de aprender com o caos e de renascer mais forte.

Sofrimento é uma interpretação do processo de dor, frente à revolta ou à aceitação daquele que se coloca a aprender. Deus é o criador e inteligência suprema do universo. A nós, criaturas ainda simples e ignorantes, cabe questionar a sua vontade? Não são as vicissitudes da carne quando no nascimento, envelhecimento ou adoecimento, morte, as dores que levam o candidato ao suicídio. É o sofrimento! São as interpretações enviesadas e desconexas que cada um deles faz a respeito da providência divina para o alcance da sua felicidade.

Humildade jamais será servidão, mas libertação interior. Somente quando a vontade está submissa à verdade, é que ela é plenamente livre. Isso acontece porque a verdade nos libertará de todos os atavismos e vícios. Por ela, nos uniremos à unidade harmônica que rege o universo.

Tolerância é a virtude que se expressa na humildade, na manifestação do idioma inarticulado do exemplo, para a construção da harmonia.

Os recursos do universo são todos destinados à obra da criação. Se participarmos dela, no sentido de cumprir a missão que nos compete, receberemos da fonte do poder, os recursos que harmonizam o Todo. É por meio da oração que teremos a inspiração que nos capacitará a ressignificar as experiências do passado, extraindo delas a essência do conhecimento que comporão as nossas almas.

Aos reflexos negativos da mente sobre o veículo do corpo físico, chamamos de enfermidade. Um corpo enfermo será resultado de uma mente doente. Nossas emoções, quando expressadas de forma violenta, rompem com a tessitura singela e frágil do nosso corpo físico e mental.

Tenhamos o hábito de morrer diante do término de cada experiência, no sentido de não acumular fatos. Os acontecimentos foram materiais didáticos que a vida utilizou para que pudéssemos conhecer nossas potencialidades. Desapeguemos desse material e levemos apenas o conhecimento que ele proporcionou.

Compreendamos que se temos vontade, é preciso que também tenhamos responsabilidade. Aquele que escolhe diante do amor, precisa ser responsável pelos seus atos. Essa é a condição que o amor impõe para que o ser amado continue se desenvolvendo. Se tomarmos a responsabilidade dos atos daqueles que amamos, esses não mais crescerão e jamais aprenderão a expressar o amor.

Um amigo espiritual de José de Anchieta.

Introdução

O desenvolvimento do psiquismo humano ocorreu lentamente pelo processo de repetição de experiências em espécies primitivas no decorrer dos milênios. A evolução da consciência se deu através da deposição de camadas evolutivas com base nos alicerces inferiores, para composição do cérebro triúno.

A primeira dessas bases, compõe-se do cerebelo, no conhecido cérebro reptiliano, responsável pelas funções instintivas da ação e automáticas do funcionamento orgânico. Talhado no período dos grandes répteis há mais de 65 milhões de anos, compõe o primeiro andar da casa mental, responsável pela defesa de perigos no que tange a lutas e fugas, remetendo ao *id* na concepção de Freud, estrutura instintiva para solução de aspectos imediatos.

O segundo andar corresponde ao sistema límbico, ao ego que não planeja e quer o controle das ações do presente. Essa estrutura foi desenvolvida nos mamíferos superiores, responsáveis pelas emoções, a exemplo da raiva e do medo, no afastamento das ações puramente instintivas para o desenvolvimento das funções intelectivas, ainda sem razão, sob automatismo dos hábitos de repetições.

No terceiro andar surge a massa cinzenta do córtex, responsável pelo raciocínio, encadeando ideias para realização de tarefas, na continuidade do aprendizado por repetição para construção do comportamento. Na camada reptiliana, tivemos a repetição dos instintos para sobrevivência, na límbica para elaboração das emoções, e no córtex a razão desenvolvida também por condicionamentos dando origem a comportamentos atávicos, tais como a agressividade e a violência.

Desenvolvemos por repetições os comportamentos agressivos necessários à sobrevivência nos estágios anteriores à razão e à linguagem articulada. Não desembaraçaremos desses aprendizados de milênios, enraizados em forma de funcionamentos, apenas com diálogos. Será preciso muita paciência e esforço para desvencilhar desses hábitos que escondem nossas imperfeições.

Aprendemos nossos condicionamentos por repetição e, também por repetição, conseguiremos descondicionar. Mas só repetição também não basta, é preciso criarmos uma espiral de ascendência em novos degraus de consciência, através de informações novas que permitirão olhar para a experiência de outra forma. As revelações vieram nos libertar do sofrimento pelo conhecimento espiritual, dizendo que não somos apenas um corpo esperando a morte, mas espíritos imortais destinados à felicidade.

A existência de Deus, a certeza de que somos espíritos e a vida continua são informações repetidas por todas as religiões do planeta, mas a humanidade continuou rígida e sem esperança, vítima dos atavismos do passado. É preciso vivenciar essas verdades com propósito espiritual, a fim de flexibilizar as estruturas complexadas construídas por compreensões equivocadas pela nossa ignorância, fruto da falta de conhecimento e maturidade emocional. Estávamos surdos frente as imperfeições morais e precisaremos defrontar com os mecanismos da lei de causa e efeito para ressignificar esse aprendizado perante as verdades que nos foram reveladas.

Vivenciar causa e efeito não significa punição, mas nova oportunidade de aprendizado por outros métodos didáticos para a promoção do conhecimento e o encontro com experiências boas ou ruins. Algozes e vítimas se encontrarão com a justiça divina, que sempre será aplicada com misericórdia, para a aprendizagem da lição necessária ao desfrutar da felicidade que nos aguarda. O aprendizado será doloroso se houver revolta e descompasso com a lei natural de evolução das partes envolvidas.

Se a vítima guardou ódio ou mágoa, ou se o algoz não se envergonhou do que fez e não se resolveu dentro de si, entendendo o erro e mudando profundamente, precisarão de novas experiências para o reajustamento das lições ainda não compreendidas perante a lei natural. Se ainda existir resquícios, para gravar bem que não é bom fazer o mal, experimentará novamente a lição para não cometer a mesma falta. O planejado será útil também para escandalizar os que estiverem às voltas, mas não será necessário que alguém levante a mão vingadora ou justiceira, e quem a fizer, inserira-se desnecessariamente no processo da provação e em suas consequências.

Para expansão da consciência, precisaremos sempre das etapas de repetição, conhecimento espiritual e revisão por causa e efeito, com o objetivo da construção de uma espiral ascendente. Deus é tão misericordioso que não manda repetir a lição sem novos saberes, pelas revelações e experiências reencarnatórias. Repetiremos experiências incessantemente até que a compreensão ou exaustão pelo sofrimento nos faça buscar o caminho do bem, por meio do sentimento de felicidade da sua prática, por meio de descargas hormonais no corpo físico, emoções equilibradas no psíquico e sentimentos nobres no espiritual.

Sabemos da dificuldade do perdão e a prática do amor em muitos acontecimentos. Por isso, a necessidade da reencarnação juntos dos envolvidos, onde criarão novas lembranças na vivência de outros papéis, a fim de diluir o mal das múltiplas experiências.

Se todos caminham para a felicidade, por que não podemos vivenciá-la agora? A resposta é que apesar de ela ser para todos, não é de graça, precisamos da opção consciente pelo amor, nos afastando do mal e fazendo o bem.

Expandir a consciência é entender o propósito da vida, enxergando-se como um ser transcendente através do autoconhecimento. Saímos do cérebro reptiliano criado por repetição, e também por repetição com busca no propósito, dessensibilizaremos os complexos, chegando ao ápice do desenvolvimento humano no encontro de valores, virtudes e sabedoria.

Na experiência sociológica de uma sociedade sem as peias da religião, matamos Deus e com Ele, a espiritualidade. Se não tem Deus, também não tem imortalidade e nem motivo para amar. A ciência que deboucha da religião que tentou esmagá-la, encontrará a fé raciocinada através da causa e efeito das desigualdades individuais e sociais, ressuscitando Deus. A mediunidade restaurará a imortalidade e a reencarnação o amor.

Encontramos na Doutrina Espírita, esses fundamentos para o cristianismo redivivo, através da destruição do materialismo. Compreendamos o Espiritismo não como rótulo de uma doutrina e nem como obra de entidades de meados do século XIX, mas enquanto verdades espirituais que sempre existiram, e que foram reveladas por emissários do Cristo em todas as épocas da humanidade, para acelerar a evolução, rumo a seus propósitos divinos. Este é o Espiritismo que alicerçará a transição planetária em sua regeneração, não como religião do futuro, mas como o futuro de todas as religiões, pela compreensão dessas verdades espirituais.

A humanidade encontra-se profundamente adoecida e sedenta de espiritualidade. A ciência convencerá as religiões de que existe o espírito, desmistificando seu poder e tirando-o do campo das coisas sobrenaturais. As experiências de quase morte (EQM), regressão de memória, a quarta força da psicologia transpessoal e a dificuldade atual na definição de matéria, demonstram os progressos científicos da área, onde o materialismo definhará por falta de matéria como no passado a compreendíamos. Sigamos a espiral dos ciclos de repetições que nos tirarão dos grilhões da ignorância e das concepções atávicas complexadas, frente ao propósito espiritual que nos aguarda.

Propósito e Vocação

Precisamos olhar para a vida com um sentido. Somente aquele que tem um propósito, consegue aferir se os seus passos estão no caminho certo. Quando não se sabe aonde quer chegar, não interessa qual caminho escolher. Tudo será caos. Só podemos definir certeza, se tivermos um propósito. Quero ir até o portão da frente, se estiver caminhando para a frente, estou certo; se estiver caminhando para a direita, para a esquerda ou para trás, estou errado. Mas só foi possível aferir valor quando revelei o meu propósito. É assim que nos orientamos a respeito do objetivo que a vida convidou a cumprir. Os propósitos, são objetivos de longa duração. Como exemplos de um propósito temos justiça e fraternidade. Os objetivos de curta duração chamam-se projetos.

Os projetos precisam estar contidos em um propósito, alinhados a longo prazo, porque senão, o objetivo maior não nos orienta. Se escolhemos enquanto propósito, justiça e fraternidade, não vale a pena internar-se no Himalaia junto aos monges budistas. É contra-mão, precisa-se de relacionamento. Um projeto seria uma mentoria de comunicação não violenta. Já, se o propósito fosse fé, a ideia dos monges budistas seria um bom projeto.

Quando olhamos para a natureza, ao tomar um simples parafuso na mão, se não conhecemos a sua utilização, não conheceremos também a sua identidade. A identidade das coisas se dá pela forma com que ela serve ao todo. Se mostro esse parafuso com várias engrenagens, aí sim, saberemos a identidade dele. Definimos identidade como a serventia que as coisas têm para a vida. Revelando que as coisas só existem quando servem a um propósito.

Há uma dificuldade incrível quando perguntamos a um ser humano, qual é o seu propósito. Na maioria das vezes, ele vai nos falar de projeto. Não! A Natureza já criou as plantas com o propósito de suprir a cadeia alimentar. Os animais para sobreviverem e perpetuarem a espécie.

E o ser humano, para quê? Se você não sabe ainda, é porque não se conectou com o todo. Deus criou o homem para portar ao mundo valores, virtudes e sabedoria. E quando ele não faz isso com razão, torna-se o maior dos predadores e perigoso para o equilíbrio universal. O problema da extinção das plantas e dos animais existe porque é difícil encontrar um ser humano no planeta. O ser humano, consciente do seu papel, preserva, dentre outras coisas, plantas e animais e a natureza. O homem não é senhor da natureza, mas parte dela. Não veio para servir-se dela, mas para enriquecê-la.

O propósito de todo ser humano é retornar à unidade. Como figura geométrica, a unidade é representada pelo topo de uma pirâmide. Seja a face que escolher, ela nos levará sempre ao mesmo cume. Pode escolher a fé, a justiça, a fraternidade, a paz. Todos os valores humanos nos levarão à unidade, e ela nos levará a Deus.

Olhemos para o propósito e o sentido da vida, refletindo que somente por meio deles, poderemos ter o foco de nos autoavaliar e definir um caminho de felicidade na vivência da paz, na compreensão da morte e na elevação ao progresso.

O foco em que mente e corpo precisam estar alinhados, só faz sentido se tivermos algo no horizonte para servir de referencial, e ele precisa ser escolhido no campo do ser, jamais sob a contenda do ter. O ser enquanto propósito nos levará longe, já o ter sempre nos limitará. Se o propósito é ser fraterno, quanto mais recursos no campo do ter, mais ajudará na conquista da fraternidade.

Se o propósito é ter recursos, qualquer projeto do ser fraterno, diminuirão os recursos. Imagina o propósito no ter recursos e o projeto no ser fraterno, frente à miséria da humanidade. Os recursos seriam consumidos. Quando o propósito está no ser fraterno, os projetos no ter, comporão na facilidade do conhecimento e na abertura de frentes de trabalhos.

Aí está a necessidade de se ter um propósito, mas o ser humano em sua dificuldade de autoconhecimento, sente dificuldade até em defini-lo. Quando olhamos para um ser que faz fotossíntese, produzindo e armazenando recursos, logo dizemos: É uma planta! Quando vemos algo disposto a sobreviver e procriar, dizemos: É um animal! E como definiríamos sem sombra de dúvida um ser humano? Não pode ser aquele que produz e armazena recursos ou busca sobreviver e procriar, isso quem faz são plantas e animais.

É preciso que encontremos o aporte que só um ser humano pode fazer no mundo e chegaremos ao ápice dos valores, virtudes e sabedoria. Quando faço a chamada de alguém com essas características e alguém responde: Presente! Sem sombra de dúvida, trata-se de um ser humano. Mas nem mesmo os seres humanos se reconhecem diante desse propósito.

Precisamos estabelecer os nossos propósitos no campo do ser. Se escolher a fraternidade e tê-la como referencial, e descobrir depois, que o melhor seria a justiça. Não perderemos nenhum tempo, pois os valores humanos em seu ápice, confundem-se com o pico da pirâmide, sempre buscando a unidade. Basta então, compreender-se humano para encontrar um propósito válido.

Aquilo que precisamos, está na área do que mais dificulta os nossos passos. Se a convivência com o outro nos traz os maiores problemas do caminho, é inteligente escolher a fraternidade por propósito. Se temos dificuldade em reconhecer o que é nosso e o que é do outro, o melhor propósito será a justiça. Mas tomar um pelo outro não atrapalhará o nosso deslocamento rumo ao cume da pirâmide.

Alinhemos corpo e mente de acordo com esse referencial de propósito que traçamos no horizonte. Se nossas pernas querem ir para a porta de saída, mas a nossa mente quer ir para a entrada, estaremos com uma dificuldade de deslocamento. Alinhemos as duas, não segundo as circunstâncias da moda, mas segundo o referencial do nosso propósito estampado no horizonte.

Somente com um propósito somos capazes de fazer autoavaliações. Se estou caminhando para a porta de entrada, está certo ou errado? Adequado ou inadequado? Não há como responder, se não dissermos qual o nosso propósito. Quero ir embora, então para entrada está errado, em direção à saída, está certo. Mas só conseguimos valorar porque adotamos um referencial. Assim é também a nossa definição de felicidade. Se perguntarmos o que é felicidade para alguém, cada um segundo a sua ótica e sua vivência, responderá de forma distinta. Novamente, é preciso um referencial no horizonte.

Felicidade para ser definida, precisa de reflexão entre o caos, o tempo e o propósito. Quando estou no caos, não tenho referencial nenhum. Qualquer deslocamento, não tem a valoração do certo e do errado. São simplesmente, deslocamentos. Quando escolho um propósito, saio do caos de Cronos e entro no tempo de Zeus. O tempo só se mede porque se tem um propósito. O tempo só corre quando há um deslocamento na direção do propósito. Esse é o tempo que faz sentido para a alma que chamamos de Kairós.

O tempo do relógio em que não se tem deslocamento, esse não se conta para a eternidade. Ao avançarmos para o propósito, sabendo que esse é humanístico, estamos nos aproximando da unidade, do pico da pirâmide, o atributo de Deus que não pode ser retirado. Estamos nos aproximando do criador. Felicidade aqui pode ser definida: é o deslocamento no espaço do tempo em direção ao propósito. Isso sempre será felicidade para alguém, humano, que nasceu predestinado à plenitude.

É preciso reconhecer o propósito também para valorar a paz, a morte e a Deus, no sentido do que seremos quando perdermos os nossos corpos. Construir a nossa barca, algo que abrigará a nossa consciência nos mares revoltos da vida, e a madeira forte dessa barca, precisa vir dos valores que o propósito nos proporciona. Aquele que tem um propósito humano, existe além do seu corpo físico, porque já construiu a sua barca, a paz será um sentido de busca, a morte uma consciência e Deus uma unidade e harmonia.

Só existe morte porque há consciência. É ela que faz as coisas existirem hoje e não mais amanhã. Esse é um processo que não existe na realidade, somente na consciência. Na realidade, se algo existe, ele jamais deixará de existir. Se deixar de existir, é porque nunca existiu verdadeiramente.

É o flerte com a morte que precisamos ter em todas as etapas de nossas vidas, onde a consciência morre para o nível de baixo e renasce no degrau acima, adiantada. É o salto quântico. O elétron que passa de uma camada magnética para outra. Estamos a descobrir essas propriedades que já existem em nossas consciências e que nos dão a noção de morte. O elétron morre para uma camada e renasce em outra. Assim também cada um de nós perante a imortalidade.

O nosso propósito no universo é como o sol. Se fecharmos as portas e janelas da nossa casa, ele não nos iluminará, mas desde que abramos as portas e as janelas, sem dar nenhum passo em direção ao sol, ele já começará a iluminar e a modificar a nossa vida. Assim precisa ser com o propósito. Não desfrutaremos dele só quando chegarmos lá. Não! Hoje, ele já define a nossa identidade.

Se somos alguém com o propósito da fraternidade, os nossos passos de hoje precisam ser no sentido de unir pessoas e harmonizar situações. Se não forem, é porque estamos fora de nós. Alguma coisa lá fora roubou-nos do nosso propósito, e é preciso olhar para essa coisa e questionar: O que é isso que é mais importante do que o propósito que definimos para a nossa vida? E é assim que saberemos se estamos mais perto ou mais longe de Deus. Se estamos subindo essa pirâmide, geometricamente ficaremos cada vez mais próximos. Se estivermos ficando mais longe, não há dúvida de que estamos descendo.

A criatura humana necessita acelerar o seu processo rumo à unidade, por meio da compreensão dos propósitos de sua vida. O propósito humano sempre será a plenitude da expressão do bem. O farol que nos ilumina, precisa ser sempre a bondade. Quando desejamos as coisas, identificamo-nos com elas, saindo do centro para a periferia, onde as coisas roubam o nosso poder de decisão, porque ali estamos identificados. Perdemos a nossa identidade divina, e agora nos identificamos com as coisas. É preciso recolher essa projeção para o centro de nossas consciências, para o conhecimento e amadurecimento do ser.

Compreendamos a diferença entre ilusão, no que diz respeito à superfície, e o verdadeiro valor daquilo que fala da essência. Sempre que formamos expectativas, estamos olhando para a fantasia da superfície. E logo mais entraremos em contato com a dor da desilusão. O verdadeiro valor está na essência divina que habita a alma de cada uma das coisas.

Visualizamos um colar de contas atravessado por um fio de prata. No começo de nossa evolução, nos identificamos com a conta e acreditamos ser a mais linda do colar. Ao lançarmos o autoconhecimento, descobriremos que no centro dessa conta, há um furo. E agora com a sensibilidade mais aguçada, podemos divisar o pequeno pedaço precioso de prata. E assim, compreendemos que o que há de mais precioso em nós está por dentro.

Ao divisarmos que esse mesmo fio de prata que passa por essa conta, também passa por todas as outras, nos compreendemos como fruto da mesma essência. E o divino, o precioso que mora em nós, também habita o cerne de todas as coisas. Assim, nós que nos víamos separados, compreendamos agora que a separatividade é uma heresia. É algo contrário à lei. Na verdade, não existe separação entre nós, as coisas, o mundo e Deus. Isso só compreenderá a alma que chegar à plenitude de sua expressão.

O poder das coisas não pode ter ação sobre os nossos processos decisórios. Não pode decidir por nós. É justo que tenhamos as coisas, mas jamais deixemos que as coisas nos possuam. É preciso disciplina para chegar a esse intento. Disciplina enquanto ordem em todos os planos.

Aquele que busca o Cristo, precisa criar um altar sagrado para recebê-lo em sua consciência, e esse altar precisa projetar-se no campo físico de sua vida, enfeitado, limpo e zelado. Isso é disciplina! Levarmos para todos os planos da vida a decisão que tomamos. Não há disciplina quando o templo físico é sujo e desleixado, ou apenas o templo sagrado é cuidado. É preciso a união e o alinhamento em todos os planos para que o sagrado se manifeste em nós.

Quando estamos diante de tensões, há apenas duas escolhas: ser ou não ser! No sentido de decidir, segundo o que se é em busca do bem, ou abandonar o ser e decidir de acordo com a identificação de nossas projeções nas coisas: o não ser. Assim, quando nos dizem que a grande questão da vida é ser ou não ser, e que essa é a única resposta que necessitamos. Compreendamos que se não nos colocarmos diante do divino que somos, estaremos diante dos prazeres das coisas que não somos.

Nesse sentido, liberdade só se dá quando desprendemos do desejo das coisas, caso contrário, estaremos regidos pelo comando delas, que decidirão a nossa vida. O obstáculo que temos nessa linha de raciocínio é que resistimos a ser nós mesmos. A naturalidade da vida é o nascer e o crescer do ser no mundo, mas pela nossa ignorância, impedimos esse nascimento. Essa é a nossa briga da vida. A vida que deseja ser e cada um que precisa controlar para ter prazer. Compararemos esse ser a energia que corre num fio que chamaremos de personalidade. Essa energia só encontrará obstáculo se criarmos resistências para que percorra esse fio. Por meio dessa resistência, grande parte dessa energia será dissipada no calor. Assim também, por sermos contrários à expressão natural de nosso ser, ficamos esgotados de nossas energias que nos levariam adiante, por manifestação equivocada da personalidade.

Quando olhamos para a consciência humana, é preciso divisar o seu processo de desenvolvimento. Somos envoltos por responsabilidades e expectativas. Responsabilidades no sentido de papéis. Ora de mãe, ora de profissional, ora de amiga, ora de irmã religiosa. E nos confundimos com esses papéis quando levamos em conta as nossas expectativas de sermos maiores e as expectativas das pessoas, que acreditam que devemos fazer o que elas querem. E o ser, a consciência, perde-se entre cada um desses papéis, não reconhecendo mais aquilo que se é. Somos os nossos papéis? Não, somos aqueles que possuem esses papéis.

É preciso sentido de vida, identificando-nos como o farol da bondade que ilumina nossos papéis. E sempre, nos nossos processos de decisão, considerar o aprendizado advindo de todos eles. É assim que adquirimos experiências na periferia de nossas vidas, mas que só aprenderemos se trouxermos esse conhecimento para o centro, para a consciência. Consciência é poder de concentração. Aqui vale a diferença entre o identificado, que transfere a sua identidade para o objeto de desejo, e o concentrado que traz o conhecimento dessas experiências para o aprendizado da consciência.

Nesse raciocínio, percebemos que há o tempo cronológico, que é aquele que passamos vivenciando as experiências da periferia. E o tempo consciência, que são os momentos que utilizamos para recolher o aprendizado no centro. Há, em cada um de nós, o eu divino representado pelos princípios e o eu animal composto de instintos. E entre eles, a mente representa o ser humano, que tem a função de ligar o divino ao animal. O céu à Terra, que precisa voltar-se para cima, para transformar os seus princípios em ação no mundo. Aquele que utiliza de seus pensamentos, enquanto alicerce, e de seus sentimentos na forma de levar isso adiante.

Aqui, identificamos e diferenciamos os prazeres sensíveis dos inteligíveis. Os sensíveis estão relacionados com o eu animal e são de rápida duração. E os inteligíveis, com a alma, o eu divino, são duradouros. Quando fartamos nossa fome de uma mesa exuberante, logo que acaba a fome o prazer vai embora. Quando fartamos nossa alma da possibilidade de ser útil a alguém, mesmo depois da ação, nossa alma permanece radiante.

Para desenvolver a consciência, precisamos conhecer-nos, no sentido de não nos identificarmos com os papéis. Controlar o eu animal, no sentido de domesticá-lo, de colocá-lo a serviço do eu divino, e desenvolver a vontade, no sentido de romper com os automatismos. Para caminhar em direção à perfeição, é preciso aprender a gostar do bem, do justo e do verdadeiro. Gosto é algo que se talha através das crenças e dos hábitos. É preciso esforço e responsabilidade, no sentido de persistir nessa aquisição.

Vocação não é apenas inclinação natural para uma profissão específica, mas também a soma dos reflexos das experiências que trazemos de outras vidas. Por esses reflexos, aproveitamos o conhecimento adquirido anteriormente para a construção do progresso.

É pela capacidade expressa na vocação que teremos o mérito para a recepção dos talentos confiados por Deus, enquanto carta de crédito com objetivos definidos para cumprimento de nossa parte na obra da criação.

Na parábola dos talentos, o senhor dá aos seus servos, conforme suas capacidades, a um cinco talentos, a outro dois e ao último um talento. Ao retornar de sua viagem, o senhor ordenou que prestassem conta de seus talentos. Os dois primeiros servos trabalharam com o investimento e dobraram suas quantidades. O senhor disse-lhes: "Fostes fiéis no pouco, e serão confiados a mais. Entre na alegria do seu senhor." Mas o último por medo e preguiça enterrou o seu talento. O senhor disse-lhe: "Servo infiel e inútil, será lançado nas trevas onde haverá pranto e ranger de dentes", tirando seu talento e dando àquele que tinha dez, e dizendo: "Daquele que não tem, até o que tem será tirado e dado àquele que mais tem".

Nos ensinamentos dessa parábola contada pelo Cristo, vemos que os talentos são recursos divinos investidos segundo nossa vocação, e quando bem trabalhados conforme o destinado, habilitarão a mais recursos para novos compromissos. É importante a observação de que não há na parábola, nem a menção daquele que tentou e não conseguiu multiplicar seus talentos, deixando claro que essa hipótese não existe e que todos os que se empenharem conseguirão.

A finalidade da reencarnação é expiação e missão, enquanto cumprimos com nossa parte na obra da criação, ficando claro que nosso principal compromisso é no desempenho dos desígnios de Deus Criador. Recebemos recursos para o cumprimento de sua vontade, segundo nossa vocação.

A lei de Deus, escrita em nossa consciência, é a regra de conduta que nos indica o caminho da felicidade e a forma de prestar conta dos recursos que nos foram confiados. Quando a violamos, a responsabilidade é nossa, não no sentido de uma punição, mas na constatação da necessidade de novos aprendizados para ampliar nossas capacidades de merecimento.

A obra da criação é de Deus, assim como os recursos nela empregados. Somos, enquanto espíritos, a inteligência que pelo trabalho que lhe é imposto como lei natural, em toda ocupação útil, aqueles que serão os artífices do Criador para expressão da vontade dele e aperfeiçoamento na manifestação de nossas potencialidades.

Vocação é aptidão natural que vem do aprendizado em experiências anteriores como forma de conectar o alicerce do passado a continuidade do futuro. É no presente que precisamos aprender que na vida nada se perde, tudo se aperfeiçoa partindo do já conquistado. A imposição do sucesso social tira-nos desse caminho traçado, quando buscamos os afazeres que trazem mais recursos financeiros e poder.

Nossa vocação estará onde nossos talentos e paixões cruzam com as necessidades do mundo. Precisamos dar serventia a nossas aptidões, inseri-las nos vazios que nos compete preencher na obra da criação. Atuar apenas em benefício próprio, é enterrar o que nos foi confiado para a evolução da humanidade. O desgosto da vida vem da ociosidade, falta de fé e saciedade dos desejos transitórios. Longe de nossa vocação, estaremos vazios e desmotivados, mesmo diante da posse dos recursos do mundo.

Retornamos à reencarnação para continuidade do aprendizado em nossa área de atuação, para avançar na obra iniciada ou corrigir caminhos desalinhados com os propósitos de Deus. Conhecimentos adquiridos não se perdem, vem como ideias inatas que nos habilitam a títulos profissionais, e a carta de crédito para os recursos necessários ao cumprimento da missão que nos cabe nessa experiência, e na criação de reflexos que nos enobrecem a alma.

Façamos sempre o exame de responsabilidade própria perante os empréstimos da bondade divina, sem nos apropriarmos indebitamente das concessões que recebemos para honrar e enriquecer a obra da criação. Não podemos dispor desses recursos como se fôssemos donos, desviando a sua destinação para a realização de nossos desejos.

A região de atuação da vocação abrange várias linhas de atividades, a exemplo da aptidão natural para a saúde, na profissão de médico, enfermeiro ou até mesmo na posição de doente, enquanto faces da moeda, variando a visão de poder, corrompida pelas paixões. Aqui não se acredita que em retorno à pátria espiritual, o médico estará melhor que o doente, mas a depender do cumprimento de suas missões e aprendizado moral. O espírito é tudo, o corpo é apenas oportunidade e instrumento.

Conhecimento Espiritual e Autodescobrimento

A evolução se dá por repetição de experiências que condicionam e descondicionam os complexos, por aquisição de conhecimentos que desabrocham a espiritualidade e ampliam a consciência rumo ao cumprimento dos propósitos de sua natureza. As bases do conhecimento espiritual serão as balizadoras da pavimentação do caminho que precisamos percorrer para o autodescobrimento.

A concepção de que fomos criados simples e ignorantes e pelo método da experimentação, desenvolvemos potencialidades para chegar ao destino da felicidade, motiva-nos e traz esperança frente aos desafios do aprendizado, no sentido de que todo sofrimento tem data para acabar e se faz em ferramenta de acesso para o gozo futuro. Do átomo ao arcanjo tudo caminha para o encontro com a felicidade.

A garantia de que chegaremos ao final desse processo com a conquista do resultado almejado é que a lei de Deus, enquanto assinatura do Criador em sua obra, está escrita na consciência humana, como caminho único para sua felicidade e só seremos infelizes se dela nos afastar. Essa conquista não é de graça e aguarda a nossa opção pelo caminho do amor, como chave para essa felicidade. Enquanto não amarmos estaremos fadados ao sofrimento.

Deus garante às suas criaturas o tempo enquanto recurso infindável para seu aprendizado, e se usarmos bem, seremos felizes mais cedo. A vida real é na pátria espiritual onde também podemos evoluir, mas para comprovar os resultados de forma inequívoca, precisamos da estratégia da encarnação. É o esquecimento do passado que proporciona a não lembrança do que fizemos aos outros, do que eles fizeram a nós e para os outros esquecerem o que fizemos a eles, na oportunidade de uma avaliação para encadeamento de novos aprendizados.

O direcionamento para o sucesso de nossa evolução se dá pelo evangelho do Cristo, enquanto bússola a indicar o caminho correto. À medida que indica se estamos no bom caminho é a extensão do livre-arbítrio. Quando restringem as opções, é porque fazemos más escolhas e estamos no influxo das causas e efeitos. O motor que nos impulsiona na evolução é a vontade, não no sentido de boa vontade, mas nos dá força de vontade que vence o arrastamento ao mal e direciona ao bem. Sem perseverança de ação, de nada adianta o conhecimento.

Esses conhecimentos nos habilitam ao autodescobrimento, enquanto meio prático mais eficaz de evolução no mundo, sendo as bases para nosso processo de transformação. A reconexão com Deus pelo contato com a natureza enquanto sua obra, fortalece nossa fé, como confiança na providência do criador que nos proverá dos recursos necessários ao cumprimento de nossa parte na Sua criação, segundo nossos esforços.

A meditação, enquanto reflexão sobre nossa própria vida, buscando integrar os conhecimentos como instrumento de decisão, por meio da revisão de nossa atividade diária, e se alguém tem algo a reclamar da nossa conduta. Se houver dúvida sobre a nossa atuação, coloquemos a outra pessoa em nosso lugar na mesma cena e reavaliemos. Ouçamos as críticas e acolhamos a possibilidade de serem verdadeiras, como forma de ampliação de consciência com diversos focos de apreciação.

Consideremos os gatilhos que nos empurraram naquela direção sem passar pelo crivo da razão, descobrindo nossos pontos de fragilidades. Se o mundo todo fizer o que fizemos, o planeta melhora ou piora? O bem é tudo o que preserva a vida, e se é bom para a vida, é bom para nós. Por último, imaginemos Jesus olhando o ocorrido e vejamos se ele se agrada.

O autoperdão fazendo as pazes com Deus e com nós mesmos, a resignação em parar de se preocupar e aceitar os acontecimentos enquanto apontamentos inteligentes da vida e a ressignificação dos fatos, dando de um novo olhar para eles. Essa é a nossa grande oportunidade de uma reencarnação exitosa.

A descoberta do amor ao próximo e à natureza, enquanto instrumento de equilíbrio emocional que vem do cuidar do outro com benevolência e não com obrigação. A compaixão que compreende que cada um tem seu tempo de despertar, e o movimento do perdão que nos liberta das amarras das causas e efeitos, compõem os elementos da prática da caridade, enquanto sentimento por excelência quando bem vivenciado, nos abrirão as portas da felicidade através do amor, levando-nos a iluminação que desvendará o sentido de tudo.

O autodescobrimento é um processo pessoal que só nós podemos fazer para o cumprimento da missão que nos compete perante a vida. Em sua busca, podemos cair nas armadilhas: da negação onde vemos nossa imperfeição, mas procuramos formas de fuga; da cristalização descobrindo o que somos e manifestando sem respeito aos demais; da implosão identificando com as imperfeições no processo de vitimismo; das máscaras aprendendo mudanças de comportamento sem transformação interior, causando extravasamentos futuros.

O objetivo a ser conquistado precisa ser a transformação moral, em que admitimos nossas falhas e lutamos para vencê-las sem desespero e sem descuidar da necessidade de ser melhor, aproximando-se da mensagem cristã que nos liberta do peso do fardo dos acontecimentos da vida.

Felicidade

É o desejo e o desígnio de todo ser humano, mas poucos sabem no que consiste. É como procurar algo que muito se quer, sem saber o que é, sendo assim, impossível de encontrar, causando cada vez mais sofrimento por essa frustração.

Felicidade não é algo momentâneo, isso é alegria. É paz de espírito, coincidir consigo mesmo, estar em conformidade com sua essência e sintonia com seus valores. É pano de fundo do teatro da vida, onde passam alegrias e tristezas momentâneas enquanto etapas do ciclo que nos elevará numa espiral. Ninguém pode roubá-la de nós, perdemos quando insistimos no erro que nos tira do centro de nossa identidade, desonrando nossos princípios.

Precisamos voltar a verdade já compreendida, enquanto dignidade, tomando consciência dos gatilhos daquilo que nos tira de nós. O comportamento das pessoas deve ser problema delas, não podendo tirar de nós o equilíbrio. Nossa responsabilidade é não permitir que os atos alheios nos tirem de nosso eixo.

O guia interno para a felicidade são as leis de Deus escritas na consciência, mas não existem estradas pavimentadas e nem pessoas que conheçam o nosso caminho. Somos individualidades, cada um com sua missão na obra da criação. É preciso guiar pelos princípios e valores no bom senso já revelado em nós pela razão.

O desejo da multidão quando não se identifica com os nossos, levará na contramão desse caminho. Não precisamos nos afastar das pessoas, mas termos a própria forma de pensar, no que tange a: "se for subir conte comigo, mas se for descer, desça sozinho". Não precisamos ir com a maioria, pois verdade não é votação, e mais vale o discernimento daqueles que já estão de olhos abertos.

Pessoas comuns andam com a multidão, mas o sábio guia-se por sua própria razão. Não falamos do intelectualismo de títulos ou de conhecimentos sem lastros na realidade, mas daqueles que manifestam suas boas obras no mundo, fiéis à condição humana. Felicidade é manter-se livre das perturbações. Elas existem, mas fomos capazes de continuar leais a nós mesmos.

Conta-se que um rei queria um quadro que lhe esboçasse a paz. Assim, fez um concurso em seu reino e pediu a um grande sábio que escolhesse a obra. Ficaram para a final dois quadros parecidos: o primeiro mostrava um ambiente tranquilo com um pássaro chocando seus ovos no ninho; o segundo com o mesmo pássaro e o ninho, num ambiente revolto de tempestade. Ganhou o segundo, mostrando que a paz perfeita é manter-se leal mesmo diante das perturbações.

Plenitude é estar presente de corpo e alma no momento atual, sacralizando cada instante, tornando-o perfeito. Se fecharmos os olhos para a luz de dentro, viveremos na escuridão dos sofrimentos. A fidelidade aos próprios valores não pode ser afetada por nada externo, a não ser que permitamos. Só teremos alicerce forte quando não nos trairmos.

No grau de sabedoria de cada momento, a máxima felicidade é coincidir consigo mesmo, tornando-se base para outros que estão à volta. Seremos reconhecidos pelos bons, mas aqueles que não buscam a mesma coisa, não encontrarão simpatia em nós. Aqueles que dormem voltam ao seu mundo particular, mas os que acordam têm seu mundo em comum.

O que nos roubam a felicidade são as coisas que desejamos demais ou que tememos. Precisamos ser fiéis a nossos princípios diante do desejo e do medo, garantindo a liberdade de nossa identidade, perante as circunstâncias que nos tomam. Fazer o melhor diante das situações que nos impõe e amanhã ter ânimo de aperfeiçoamento, é fazer tudo que a vida espera de nós, mesmo que a multidão ao redor não reconheça.

Não nos firamos para alegrar aos demais, seguindo sem corrupção do propósito de nossa natureza, sendo aquilo que esperamos do mundo. Serenidade é manter os pensamentos tranquilos diante de qualquer circunstância, em paz com Terra e céu. Não há nada de mais em nos alegrarmos com a paisagem, mas não saiamos do nosso caminho, nem para buscar a brisa suave, nem para sair do sol causticante.

A verdadeira felicidade é serena e sóbria. Sua origem é interna, na mente corajosa que tem o destino a seus pés, considerando seus valores e virtudes para escolha do caminho a seguir. Os prazeres do humano sábio são imortais e duráveis. Suas bases são seus princípios no conhecimento do dever e na conformidade da vontade com suas manifestações na vida, beneficiando a todos ao redor.

A felicidade permanente, como definimos, é uma possibilidade humana, mantendo-se paz de espírito diante das diversidades do mundo, sem perder nosso centro de referência na bondade, compreendendo a superficialidade dos prazeres imediatos e passageiros do cotidiano.

Vibração

A criação de Deus é sustentada pelos princípios material e inteligente. Matéria, à época da codificação espírita, era apenas perceptível pelos cinco sentidos do corpo físico. Os espíritos incluem a noção de fluido cósmico universal (FCU), enquanto hálito divino e força nervosa do criador.

A voz é produzida por vibração das cordas vocais propagadas no ar e percebida pela membrana do tímpano no ouvido que vibra em sintonia. O nervo ótico transforma-a em corrente elétrica que será captada pelo cérebro e interpretada pelo espírito. A sintonia ocorre na faixa de percepção do receptor. O ouvido humano não escuta sons com ondas de frequência maior que 20 mil ciclos (hertz), para o cão é possível.

A visão é possível devido à onda eletromagnética produzida por vibrações da luz, pelos pulsos entre o vermelho e o violeta. A onda carrega energia produzida pelo fenômeno ondulatório resultante da vibração que a criou. Captada por proteínas da membrana das células dos olhos e interpretada pelo espírito.

O pensamento é produzido pela vibração mental das emoções que geram ondas no FCU, transportando ideias e sensações. Essas ondas também talham o corpo para expressão do espírito (perispírito), segundo suas emanações. Aquele que capta esse pensamento é porque tem afinidade e sintonia com a emoção que a produziu.

Vibração e sintonia são propriedades da comunicação entre seres, e a responsabilidade de captação é do ser que recebe. Para não ser sensibilizado por essas ondas é só alterar o próprio padrão vibratório. Neste sentido, todos somos médiuns, comunicadores entre os planos material e espiritual, por possuir o perispírito que se manifesta no corpo físico. Vibração e sintonia são responsabilidades de cada um que emite e que capta.

A ciência tem dificuldade em definir vida devido ao seu viés materialista. Já o espiritismo a faz com maestria, enquanto expressão do princípio inteligente na matéria. A dificuldade está na concepção da ciência que acredita em uma verdade como algo que só impressiona os cinco sentidos do corpo material, e o restante são ilusões que não existem por estar fora de seus domínios.

Grandes estudiosos da ciência na descoberta do eletromagnetismo provaram o contrário com a descoberta de outras ondas que não impressionam os sentidos físicos. Existem, mas não ouvimos ondas acima de 20 mil hertz e nem vemos ondas no infravermelho e no ultravioleta. Vibrações espirituais também não percebemos, mas nem por isso deixam de ser reais.

O homem precisa de espiritualidade para o surgimento da compreensão do mundo invisível. Começou a desvendar as galáxias por telescópios. Os microrganismos por microscópios. E, agora, precisa olhar para o mundo espiritual por comunicações mediúnicas, experiências de quase morte (EQM) e lembranças de vidas passadas. Mediante o advento da possibilidade de propagação de correntes eletromagnéticas no vácuo, a ciência já precisou conceber o éter. Daí para a concepção do FCU e do mundo espiritual, só falta a boa vontade.

É compreensível a aversão da ciência pelas coisas espirituais, devido aos desmandos da religião na idade média que a esmagou, matou pensadores e queimou bibliotecas. No momento oportuno, a verdade se fará presente, quando o experimento sociológico de uma humanidade sem Deus cair por terra com a exaustão pelo sofrimento. A visão mais transcendente virá da identificação de muito mais onda e vibração do que imaginávamos, provando que o mundo espiritual é tão real quanto o físico, através da revisão do conceito de matéria.

O funcionamento dos aparelhos de televisão é igual, mas nem todos assistem às mesmas coisas. São mecanismos inteligentes, mas neutros em sua utilização, dependendo da sintonia e da vontade de seu usuário. Neste sentido, a abelha busca o mel, mas o abutre, a carniça. Assim como são neutras as nossas emoções, mas por nossas preferências, geram padrões de vibrações e sintonias que agem no mundo e nos conectam.

A onda mental origina-se na emotividade que geram as ideias. Foi o impulso de subjugar que gerou as noções escravocratas. É a arrogância, que diz que todos à nossa volta não sabem nada. Espíritos evoluídos têm dieta emocional com padrões diferentes dos ignorantes. O ignorante acredita que tudo está à sua disposição, fruto de seu egoísmo e orgulho, não percebe a presença e as necessidades alheias.

Pela lei de associação, tudo que vibra na mesma frequência por sintonia atrai-se. Assim nossa tristeza nos fará entrar em contato com toda a tristeza do universo. O padrão emocional vibra em torno da mesma natureza de ideias. Somente os malfeitores vão na contramão, usam ideias para justificar escolhas emocionais, através do prazer em subjugar e acreditar que quem o cerca é inferior. Não, quem o cerca é da mesma natureza e se alimenta da mesma dieta, criando vínculos. A dieta do egoísmo atrai ilusões que roubam a inteligência, no sentido de acreditar que controlamos tudo e que conhecemos o outro.

O padrão vibratório do Cristo encarnado na Terra promoveu a exemplificação da sua moral e a manifestação do seu amor, ensinando-nos a fé. Fé não no sentido de entender Deus e o que Ele faz na nossa vida, mas, mesmo perplexo, não desanimar e Nele confiar. Só Deus é inteligência suprema. As incertezas nos fazem movimentar rumo a descoberta da verdade que nos libertará. O nosso controle de sintonia é vontade, mas precisamos descobrir que o melhor caminho é que seja feita a vontade de Deus, pedindo forças para nos movimentar nesse caminho.

A percepção de ondas amplia-se com a aquisição das experiências evolutivas. Reproduzimos padrões milenares de condutas, não percebemos ainda nem o que já se pode. A vibração do pensamento cria a realidade à nossa volta, mas só o hálito do criador descortina a verdade. Nosso problema não está no lugar onde nos encontramos, mas no padrão em que vibramos. Precisamos enxergar a dimensão biológica, psíquica, social e espiritual de nossos sofrimentos, e só assim encontraremos os remédios em cada um desses estados vibratórios. A dor e o trabalho são artífices celestes nesse aprimoramento, nessa mudança de padrões intelectuais e morais.

A vontade é o determinante para a construção da emoção que produzirá a vibração, mas precisa ser seguida pela paciência e o esforço da perseverança para mudança no automatismo dos complexos gerados pelos hábitos. Não basta a boa vontade do querer, é preciso querer sempre. Deu trabalho para construir um padrão vibratório de perturbação no decorrer dos milênios, assim como precisaremos de esforços para equilibrá-lo. Os complexos são núcleos de vibrações em torno de uma mesma ideia, sensibilizados pelas emoções que o criaram através da sintonia. Acreditamos que serão necessários noventa e nove por cento de transpiração, um por cento de inspiração e muita paciência no processo de mudança de padrões talhados em milênios de repetições.

Emoção

Emoções são energias, enquanto grandezas vetoriais com intensidade, direção e sentido. Algumas demonstram expansão, direcionam-se de dentro para fora, outras, concentração de fora para o dentro, outras, ascensão de baixo para cima, outras, descendência de cima para baixo e outras em equilíbrio dinâmico para o centro. Essas são gatilhos que sensibilizam os complexos, áreas compostas por ideias e sensações, formam os pensamentos, que refletidos, transformam-se em sentimentos, proporcionando o viver com consciência. É um movimento de equilíbrio para estabilização de nosso centro essencial, na expressão adequada daquilo que somos.

As forças de direcionamento para fora são compreendidas como início de ciclo, indicando o processo de renascimento, primavera, raiva e vento, no sentido de rompimento do repouso para início do movimento. Aquelas para cima são de patamar de ciclo de crescimento, verão, alegria e fogo para seguir adiante com maior velocidade. Aquelas para dentro são de decadência de ciclo, envelhecimento, outono, tristeza e metal para convite a organização interior e integração. Aquelas para baixo são de final de ciclo, morte, inverno, medo e água para morrer no sentido de autopreservar forças para o ciclo mais elevado de renascimento em outro plano. Aquelas de equilíbrio são de centro de ciclo, transição, interestação, preocupação (atenção e presença) e terra para regulação do movimento do ciclo na passagem de um estado de força para outro.

As emoções sustentam a plataforma da vida, em que o amor surgirá em cima. Podemos delimitar seus cinco pilares nas emoções básicas da raiva, da alegria, da preocupação, da tristeza e do medo, sem prejuízo de outras denominações. A raiva representa todas as emoções que esboçam o fluxo energético para fora; a alegria para cima; a tristeza para dentro; o medo para baixo; e a preocupação para o centro. Sua ação é movimento para delimitação de espaço, presente na raiva (expandir), alegria (seguir adiante), tristeza (organizar), medo (cuidar) e preocupação (agir).

As emoções cuidam da coerência entre identidade e imagem, manifesta-se enquanto rompimento ou proteção, segundo a natureza forte, fraca ou adoecida do ego. O ego forte sabe manifestar-se de forma coerente com o self (eu divino); o fraco deixa passar sem filtro o que vem de dentro; e o adoecido (egoísmo) manifesta-se conforme seus próprios desejos. O self é o senhor da casa, a sabedoria divina. O ego é o serviçal no cumprimento da manifestação da vontade do self no mundo, com civilidade, educação e menor dano possível.

A providência divina cuida de cada um de nós, busca coerência entre a essência e a manifestação, no sentido de oportunizar as experiências da raiva para rompimento daquilo que nos impede de seguir; da alegria para extrospecção do avançar; da tristeza enquanto recolhimento para reorganizar dentro as mudanças que aconteceram fora; do medo responsável pela autopreservação, pedindo para seguir com cuidado; e da preocupação para atenção e presença aos acontecimentos da vida.

Os distúrbios de saúde ocorrem pelo controle excessivo em dar conta de tudo, sem perceber que isso não nos cabe. Precisamos desfrutar das experiências, buscar o prazer do aprendizado adquirido. A epigenética, que estuda a manifestação dos genes diante das características do ambiente, confirma que as emoções interferem no nosso DNA, enquanto expressão ou não de seus genes. O sintoma é a porta de entrada para o mundo interior em busca do discernimento de suas causas, separando-nos do mundo exterior onde vivemos, enquanto realidades distintas.

A medicação não deve reprimir esses fluxos energéticos. A pessoa que esquece de viver o momento presente por não se adequar com sua performance atual, coloca-se no ciclo vicioso do "preciso de mais para dar conta disso". É preciso identificar esses gatilhos enquanto exigências do ego pelo abandono da realidade interior, contra o movimento natural da vida, por dificuldade de lidar com eventos estressores, controle exagerado e condição humana.

Os conselhos de "deveria fazer assim" esboçam comportamentos, que só ampliam a incapacidade de reação. Façamos as pazes com nossa mediocridade no sentido de que "hoje é o que posso, amanhã, se investir com esforço, poderei mais". O "querer tudo do meu jeito" é abusar do controle e da melhor escolha que ainda não conseguimos fazer.

Precisamos encontrar elementos comuns nas várias situações de crises, enquanto gatilhos dos padrões que se repetem, sem esquecer que as coisas influenciam, mas não determinam. A consciência manifesta-se em comportamentos, mas comportamentos não geram consciência.

Sofrer antecipadamente, na certeza de que acontecerá o pior, é considerar não merecer o melhor, resultante da imagem negativa por trás das culpas, na manifestação do ser ruim ou da vitimização por não conseguir conviver com seus elementos imperfeitos. Há coisas desenvolvidas por já termos investido esforços e outras que a vida ainda não cobrou e que ainda não demos atenção, mas que conseguiremos desenvolver quando investirmos.

A nossa fantasia de controle vem da desconsideração de que forças e leis regem o universo, segundo a proposta da vida. Assim, não é verdade que sabemos o que é melhor para nós e para os que estão ao nosso lado. Quem sabe é a vida. Estamos na caminhada para mitigar riscos e gerenciar perigos. É o egocentrismo que traz a sensação de que tudo depende de nós. É até bom que não saia do nosso jeito, pois a condição humana é pequena e limitada.

Raiva

É a energia para rompimento e distanciamento que provoca destruição ou transformação. Muitas vezes, precisamos nos distanciar de relacionamentos, família e trabalho, sob pena de perder a nossa identidade. Essa é a emoção mais combatida para coibir ataques contra o poder constituído. Por isso, também foi a mais reprimida pelas religiões medievais que subjugavam seus seguidores para a não reação de seus desmandos.

Romper com o picadeiro deste circo imposto por dogmas e costumes que impedem a ocupação de nosso espaço, enquanto missão no mundo, é função dessa energia que precisa seguir seu fluxo. Caso contrário, explode para fora, no mundo, ou implode para dentro, no corpo e na mente.

É impulso da alma para renovação, e quando colocado barreira transborda com violência, traz dificuldades. Nota-se que, como as outras emoções, o problema não é a raiva, mas a repressão que provoca seu escondimento no inconsciente. Longe da consciência e sem reflexão, vai ganhando força para libertar-se à revelia e quando consegue, faz-se alheia a razão e a boa conduta, trazendo danos para o ambiente. Quando exerce sua ação com consciência, representa o fluir da primavera em seu movimento de renovação e superação ao inverno do ciclo que encerrou.

Para a transição entre um ciclo e outro, precisamos dessa energia a fim de avançar segundo o destino que nos aguarda. Quando sua força vem do ego, indica manifestação, mas vinda do self, pede rompimento. Para diferenciar entre uma e outra é preciso reflexão através do autoconhecimento. A função do ego é executar e não questionar quando o impulso é do self, e o fazer da melhor maneira possível, com civilidade, respeito e educação para não causar danos desnecessários. Quem a coloca para fora sem o planejamento do ego, está fora de si, sob ação da loucura, e sujeito a graves responsabilidades frente aos prejuízos que se fizerem.

É energia para proteção da identidade e manifestação coerente da personalidade em sua ação no mundo, para poda de excessos e regar de insuficiências, quando não resultado do ego adoecido. É coragem para remover os obstáculos que nos impedem de crescer, dilatando os recursos e marchando para o ideal.

Tristeza

É o chamado "vem para dentro, vamos aprender". Não é fraqueza, mas oportunidade de matar por dentro as ilusões que já morreram por fora. Enquanto punção de reorganização, possibilita enxergar a vida como é, buscando o que ela quer ensinar a cada acontecimento e como viver com esse aprendizado. Ressignificar a perda sem revolta e vitimização, é providenciar para que a tristeza não vivida não cause depressão e até suicídio, com a certeza de que a alma não morrerá.

A tristeza cura-nos, matando a fantasia de que a vida está sob nosso controle. É o aprendizado que destrói as ilusões do ego pela introspecção, no sentido de que: se morreu o filho, é preciso matar o papel de pai e mãe; se acabou o casamento, é preciso acabar com o papel de marido e esposa.

É o encontro com o que não queremos, mostrando que a vida não é do jeito que desejamos, mas o que necessitamos. A vida interior quando bem vivida resultará em harmonia dentro e fora, mas o inverso não é verdadeiro, a vida exterior bem vivida não garante nada dentro.

Da mesma característica energética da tristeza é o outono, onde a natureza prepara-se para morrer e renascer sem vitimismo, enquanto substrato na próxima primavera. A não vivência dessa responsabilização para reajustamento, leva-nos a depressão. Essa enfermidade, quando se dá, precisa ser assumida não no combate aos sintomas, mas em suas raízes que vem da má manifestação das emoções, enquanto forma errônea de enxergar os problemas.

Tristeza é movimento interno que gera transformação para adequação às mudanças externas. Quando cessamos esse movimento, ocorre a estagnação patológica. A medicação, que vem no sentido de motivar o movimento, não cura, mas precisa ser aproveitada para dar partida na ação para a adequação interior.

A vivência com pessoas depressivas evidencia nossa incapacidade de amar, porque nesse relacionamento já não há mais a troca para preenchimento de nossos vazios. Manifesta-se a dificuldade de lidar com nossas tristezas e a pequenez de cada um de nós. Ajudamos, não porque amamos, mas para que o outro melhore e volte a trocar conosco. É mais cômodo trazer o outro para o nosso mundo do que entrar no mundo dele. Abrimos as portas e mostramos o dia lindo para não ficar no quarto escuro do outro, ouvindo os seus problemas, pois essa situação nos lembrará das próprias dificuldades que escondemos e não lidamos.

É preciso a descoberta de "quem sou eu e quem é o outro" e de que a solução dele não é ser como nós. Cada um tem sua história e seu percurso que precisa ser respeitado. A solução para quem não quer percorrer esse caminho é dizer que o outro não quer melhorar, atrapalhando o processo com exigências, sem considerar que está diante de um adoecimento da vontade, causado por um processo de culpa.

A tristeza tira a energia para as coisas de fora e manda para as coisas de dentro. Não adianta chamar o outro para fora, é preciso a coragem de ir para dentro com ele, saindo da fantasia de que sabemos mais sobre o outro do que ele mesmo. Aceitemos o outro como é na etapa em que estamos vivendo.

É terapêutico para todos no desenvolvimento do amor e do autoamor, ficando mais evidente que cada um precisa mais de si mesmo, diante da sensação de que existe um monstro interno consumindo suas energias e do convite de "vem para dentro aprender". Tudo que não é conhecido traz insegurança, a solução é conhecer para aprender a lidar e colocar nossa disposição para ajudar nos desafios da vida.

As perdas do mundo são gatilhos e não causas de nossas aflições. A forma com que respondemos a eles é que dão origem às enfermidades. O luto, enquanto adaptação interna de uma situação externa, tem os mesmos sintomas da depressão, mas com a tristeza em movimento de reajustamento e não de paralisação no fluxo do processo. Quando a culpa ou a vitimização fazem-se presentes, aparece o adoecimento. Precisamos de alinhamento com o rompido fora, pois é a incoerência que causa o sofrimento.

Medo

É energia de autopreservação, quando o self educa o ego, colocando cada um no seu papel, pois há um risco de perda de controle da consciência (loucura). A insegurança vem com a queda das fantasias originadas pela inflação do ego. Simboliza o estado de guerra onde o ego está tentando tomar o poder do self. Alerta para ir com prudência, pois por dentro está em luta.

Pode causar luta (ansiedade) com manifestação de agressividade e pânico por preocupação com o futuro, no caso do ego com muito poder, ou fuga (angústia) pela culpa do passado, quando o ego se demonstra fraco e incapaz de adaptar a proposta do self, com manifestação de medo. É causado pela desconexão entre ego e self, podendo ser existencial (corpo em risco), imaginário, construído (complexos), traumático e egóico (ego em risco).

É um transtorno mental manifestado por sintomas de ansiedade, pânico, obsessão e compulsão, originado da elevada exigência ou procrastinação pela perfeição, sem o devido percurso de seu processo de evolução. Suas causas estão nas crenças limitantes diante das oportunidades da vida, na dificuldade de assumir o fracasso pela fantasia de controle e de querer ser o que ainda não se pode.

O tentar fugir da condição humana provoca depressão e compulsão, enquanto vícios para esconder a realidade. Aceitemos que a imperfeição é da condição humana e por isso estamos em aperfeiçoamento. A reação à nossa condição causa a fuga das obrigações com o medo do julgamento do outro e de perder a estabilidade. Somente o que realmente somos tem o poder de nos curar por meio do conhecimento da verdade que nos libertará da condição humana para a angelitude.

Quando passamos do limite de nossas potencialidades, arriscamos provocar grandes estragos. O limiar entre o destruir e o transformar é muito próximo. O indicador é "se você está conseguindo dialogar com o mundo interno, vá adiante". O recurso da meditação, no sentido de silenciar o exterior, ouvindo o interior, fazendo as coisas com presença, mas com distanciamento da experiência (não somos a experiência), gera reflexão, quando precisamos de coragem para não tentar fugir para os vícios. Precisamos de mais ação e menos reação diante dos desafios que a vida nos apresenta.

Alegria

É a emoção mais bem vista como solução das outras, consideradas erroneamente negativas, produzindo o transtorno bipolar, através de sua criação artificial. A bipolaridade está presente na educação e na sociedade, onde se troca raiva, tristeza, medo e preocupação pela fantasia da alegria, a fim de despotencializar as suas ações.

É resposta biológica rápida às situações simples, causando animação e contentamento momentâneo, energia e disponibilidade. Não é felicidade, pois não traz tranquilidade e nem paz, possuindo traço de euforia para extravasamento de repressões.

Quando a estrutura psíquica não está minimamente equilibrada, ocorre a distimia, quando nenhum evento causa alegria, passando despercebido ou incomodando. Esse transtorno mental não tem cura pela medicina terrena, tem tratamento para manter equilibrado.

Não é papel do ego a escolha das emoções e nem sua valoração em positivas ou negativas, pela fuga ou superestimação de sensação agradável, ou não. Cabe ao ego seguir a ordem de comando do self da melhor maneira possível, no sentido de adubar e podar a situação.

É manifestação da alma minimamente organizada, não é cura para outras emoções. Emoção não é algo que necessita de cura, mas de canalização. Quando fantasiadas são como esperar perfume de flores artificiais, causando a fuga para os vícios no intuito de saciar-se. É consequência da relação com o self, enquanto conexão com a verdade essencial, no sentido de tomar consciência e propósito em si mesmo.

A euforia nasce do processo de criação da alegria artificial, que não tem correspondência interior, quando existe um sujeito que não reconhece ou foge de seu desequilíbrio interno, buscando sua importância no mundo exterior.

Preocupação

É energia de equilíbrio dinâmico não no sentido de passividade, mas de pacificidade diante da expressão na presença daquilo que somos e atenção ao que nos cabe cumprir perante a criação. Estar preparado para dar o melhor de si, diante da diversidade de oportunidades que a vida oferece a cada momento. Só existe o ciclo de manifestação das demais emoções porque se busca o equilíbrio no centro e seu objetivo é estabilizá-lo, pela sincronicidade de seus movimentos. A força da energia no centro nos permite subir na formação espiral, onde graças ao ciclo anterior, a formação do próximo estará em patamar acima.

Precisamos de vida com consciência e ação com responsabilidade. Quando se busca a expressão do melhor que se pode, caminhamos para o melhor ideal. O ser humano, imerso nas correntes de pensamentos e sentimentos que o influenciam para ser joguete do meio, necessita de um centro.

O Poder do Centro

O poder do centro manifesta-se na concepção do ciclo. Só existe ciclo porque se tem um centro, mesmo que esse seja invisível. A sua construção só é possível em função do seu centro ordenador. E, assim, se olharmos para as galáxias, veremos na harmonia dos cosmos, grupos de planetas e estrelas que só se movimentam em função do centro de gravitação.

Ao adentrarmos no nosso sistema solar, veremos o sol enquanto centro das órbitas planetárias. Esses planetas só existem porque se movimentam, e só se movimentam porque tem um centro. Esse centro, além de origem, também é sustentação e finalidade. Ao olharmos para os nossos corpos, veremos o coração como centro, bombeando o sangue para todas as extremidades.

Na cosmogênese universal, veremos a teoria aceita do Big Bang, quando o universo surgiu da expansão de um ponto. Esse ponto expandirá até certos limites e depois começará a recolher-se novamente para o centro. É o pulsar do coração do universo no seu movimento de sístole e de diástole. O centro não é só origem e sustentação, mas também é finalidade de tudo. Saindo do centro expandiremos e nos retrairemos, voltando novamente ao centro.

Nesse contexto, compreendamos a ideia do cosmos, teos e caos. Caos representando a potencialidade ainda não manifestada e, assim, não ordenada. No suspiro da criação, nesse caos surge um centro, aquilo que chamamos de teos. E esse centro será o elemento ordenador que formará o nosso cosmos, universo manifestado e harmônico. O centro é o arquétipo ordenador da harmonia.

O ser humano para evoluir, necessita de um arquétipo ordenador, e ora descobrimos que ele precisa ter um centro. O centro do ser humano (consciência) só pode ser compreendido se entendermos a constituição de seus elementos satélites: corpo físico, corpo vital ou energético, o corpo emocional ou afetivo (emoções e sentimentos) e o corpo mental (pensamentos)[1].

O ser humano não é nenhum desses corpos satélites, nem sua forma, energia, emoções, sentimentos ou pensamentos, mas o elemento central que se relaciona com cada um deles na periferia, enquanto instrumentos de sensibilidade para percepção e de manifestação para a ação no mundo, mas não lhe dá identidade. Somente por possuir um centro e ser o centro, esse ser humano não se torna joguete do meio.

---

1 Conforme conhecimentos da Yoga, filosofia de vida que tem sua origem na Índia, há mais de 5000 anos.

É alguém que percebe as sensações físicas, as manifestações energéticas, as emoções e sentimentos e os pensamentos, mas que não vive disso. Vive dos significados que dá a esse conjunto de percepções. Por isso, afirma-se com razão que ninguém nos faz mal. O mal até pode sensibilizar a cada um desses elementos, mas só chegará à essência humana, se for por ela ressignificado.

É preciso que busquemos ordenação dos elementos: físico que se harmoniza na postura do corpo, nem muito relaxado e nem muito tenso, mas ereto; energético que se harmoniza no ritmo, nem na polaridade da carência e nem no oposto do excesso; emocional que se harmoniza na canalização saudável das emoções, nem da sua expressão desordenada e nem da repressão; mental que se harmoniza no foco, nem na dispersão e nem no relaxamento.

Compreendamos, ainda, os elementos de desagregação desse sistema: o desejo e a fantasia. O desejo é algo que necessita ser combatido em nossas vidas, pois retira a realidade dos fatos, enquanto elemento manipulador que nos tira do centro. Nós que ainda nos movemos simplesmente, ora por desejo, ora por medo, nos colocamos nas duas situações enquanto joguete do meio.

A fantasia há de se diferenciar da imaginação. Imaginação é um processo mental conduzido pela razão que nos leva ao planejamento e ao encadeamento da solução de problemas. Já a fantasia é onde a mente vaga sem consciência, tirando-nos também do centro da realidade.

Também perdemos o centro dos atos externos de nossas vidas. Situações que nos chamam ao trabalho, ao dinheiro, à família, ao conhecimento, às aventuras. Nenhum desses fatores são proibitivos, mas necessitam ser exercidos em equilíbrio.

Não podemos deixar que o trabalho nos tire do centro, pois aí estaremos paralisados na periferia do trabalho, e não conseguiremos cuidar das obrigações familiares. Assim como cada um desses fatores, necessitamos dar conta de todos juntos. Não podemos polarizar em um só, sempre no meio, compreendendo as necessidades de cada um desses setores e estabelecendo prioridades daquilo que é urgente, não confundindo com o que é importante e que pode ser feito depois.

Necessário é voltarmos para o elemento unificador, posto que o objetivo da nossa evolução é chegar à unidade sem perder a consciência, sabendo-se o que se é e o que não se é. Lembremo-nos de uma frase atribuída a Irmã Dulce: "sou apenas uma gota d'água no oceano, mas o oceano não seria o mesmo sem mim". É aí que reconhecemos a humildade. Reconhecer-se que é dentre aquilo que não se pode ser, buscar-se no conceito ordenador, a identidade manifestada numa consciência que já conseguiu discernir, entre tudo o que o mundo diz que somos.

Descobrir aquilo que realmente faz parte da nossa essência. Esse é o auge da inteligência, Interlegis, colher dentre, entre tudo o que não somos, descobrir o que somos. Identidade é o fator do qual nunca se pode abrir mão, e precisa estar alicerçada nos princípios universais da bondade, da fraternidade, da verdade e da justiça. Esses necessitam ser os pontos de apoio da identidade, para não confundirmos, nem com a sensibilidade dos seus elementos satélites, nem com sua manifestação. Essa é a complexidade do ser humano que por enquanto só olha para fora, não descobrindo ainda que o tesouro de sua evolução mora na vida interior.

Complexos

Os complexos surgem da repetição de experiências em torno de um mesmo tema, vindos dos atavismos evolutivos e das regras impostas pela sociedade para nos aceitar enquanto modelo de sucesso. Todos nós que precisamos nos encaixar em algo, somos complexados. Ora nos esticaram, ora nos cortaram para que fôssemos habilitados ao padrão social, e esses complexos, na maioria das vezes, definem a trajetória dos nossos destinos.

Somos complexados na educação: esperávamos algo que nossos pais não nos deram; na família: esperávamos uma posição de destaque que não nos deram; no trabalho: esperávamos uma promoção que não nos deram; na vida social: esperávamos uma posição de poder que não nos deram. Vivemos na carência do "esperar e não receber", e como não nos deram aquilo que queríamos, criamos temas em nós, caracterizados pela psicologia analítica, enquanto núcleos arquetípicos, para sinalizar assuntos que viemos a essa vida para corrigir ou evoluir. Esses temas são fulcros, núcleos magnéticos que nos atraem às experiências que se relacionam.

Como aí, encontram-se as fraquezas que precisamos evoluir, tudo que bate nesse tema dói, e a experiência vai agregando-se em torno desse núcleo, formando complexos, aglomerados de energias que vão abrindo feridas.

É preciso a consciência de que há uma forma de agir para cada um de nós, com a realidade do mundo de fora. Não é esse mundo que nos define, mas a forma de agir pelo livre-arbítrio, uma interface entre nós e o meio: a interpretação de nossas crenças. É aí que vemos pessoas diante do mesmo acontecimento, agirem de forma totalmente diferente. Aqui vale a reflexão: será que precisamos mudar o mundo lá fora ou investir na nossa forma de interpretação sobre ele?

Concorrem com nossas interpretações, segundo as nossas crenças, a ferida dos complexos. Há acontecimentos que nos provocam uma reação exagerada e até irracional. Muitas vezes, atiramos objetos em pessoas e nos colocamos na violência, sendo que as nossas crenças sempre foram pela paz. Quando se toca numa ferida, a dor causa uma reação aumentada. Através dessas reações reconheceremos os nossos complexos, as feridas, a reação irracional que contraria as nossas crenças.

É preciso olhar para essas reações e enumerar estratégias para lidar. Assim obteremos as peças de um grande quebra-cabeça. Ao montarmos um quebra-cabeça de mil peças, não tomamos uma peça e encontramos o lugar dela entre as outras. Há estratégias diferentes segundo cada compreensão. Aqueles que montam bordas ou reúnem as mesmas em cores. Sem estratégia não se monta quebra-cabeça, assim como também não se curam feridas de complexos.

Qual a dificuldade maior? É o ego, centro de nossa consciência racional, que teme contato com a energia armazenada no complexo. A racionalização do ego irá esconder o complexo. O grande aprendizado é entrar em contato com o inconsciente onde moram os nossos tesouros.

Notemos que a reação de um complexo poderá ser um constrangimento ou uma mobilização. É preciso guardar essa peça para unir com outras que virão, mas se guardarmos apenas na mente, o ego vai escondê-la novamente no inconsciente, reprimindo-a. Guardemos no armazenamento externo de anotações.

Aquele que estiver disposto a essa caminhada, precisa ter cuidado com dois obstáculos. O primeiro é querer teorizar: quem teoriza é o ego, e ele quer esconder o complexo. O segundo é lembrar de fulano: quando dizemos que fulano tem esse problema, já é o ego projetando no outro para que não enxerguemos em nós. Se lembrar de fulano, com certeza é você que tem. É uma reatividade, um histórico pessoal. Diante de cada uma dessas reações exageradas, guardemos essa peça numa ordem cronológica. Só diante de várias peças é que conseguiremos iniciar a montagem do quebra-cabeça que desvendará as feridas do complexo.

Invistamos em nosso autodescobrimento e na reflexão de que os complexos nos tiram completamente a autonomia de viver conforme as nossas consciências. Ao buscar nos conhecer por meio dos complexos, encontraremos a essência divina, enquanto tesouro maior de nossas almas.

Nossas reações determinam o nosso destino. Não o mundo de fora, mas a interpretação que fazemos em relação a ele. Cada um escolhe seu destino, não há ninguém decidindo por nós ou com poder de contrariar a nossa decisão.

Nossos complexos, encontram-se na região incognoscível da consciência, como uma ilha sobre o oceano do inconsciente. O ego seria apenas um morador dessa ilha. Reconhecemos que esse ego adoecido no egoísmo, é a raiz de nossos vícios e tira a ação meritória de todos os nossos atos.

O ego, enquanto responsável pela parte da consciência que já conhecemos, é dela o porteiro. É ele que mantém nossa individualidade diante dos complexos, que são feridas emocionais, e assim possuem muita sensibilidade. Ao nos depararmos com as circunstâncias da vida que os causaram, nossas mentes são impressionadas pelos gatilhos. Enquanto tivermos complexos, responderão primeiro eles em detrimento de nossa razão. Os complexos geram reações inconscientes, involuntárias que não conseguimos impedir. Alguém consegue impedir o reflexo de dor quando se tem uma ferida tocada? Não, o reflexo é involuntário do inconsciente.

Não é possível conter a manifestação exagerada do complexo. Não percamos nossas forças nessa tentativa que muitas pessoas, infelizmente fazem, e as levam à loucura. É preciso curar o complexo. E aqui entra a dificuldade. O ego, porteiro da consciência, esconde o complexo porque tem medo de lidar com ele. Como encontrar algo que esse porteiro escondeu?

A solução não é matar o ego. Numa existência sem ele, o conteúdo inconsciente toma conta da consciência e perdemos as grandezas de tempo e espaço que nos orientam, instalando o processo de loucura pela perda de identidade. Não saberemos mais quem somos, em que tempo vivemos e nem onde estamos. Essa é a importância do ego que não deve ser destruído. Ele é nosso instrumento de identidade. É através dele que não surtamos frente ao desconhecido que há em cada um de nós e que pede permissão para manifestar-se.

O responsável pelo templo da consciência é o ego, mas o senhor é o self, essência divina que habita em nós. Quando dizemos que é preciso destronar o ego, entendamos que é fazer com que ele compreenda que está sujeito às ordens do seu senhor, e que ele conhece apenas a minúscula ilha e desconhece os recursos do oceano todo que ainda não lhe foi apresentado. O ego deposto do seu trono, agora aceitando ordem do self, reconhece o complexo.

Como depor o ego do seu trono e encontrar os complexos que respondem à vida em nosso lugar, da maneira que não queremos? A resposta é a prática do interesse geral em substituição ao interesse pessoal. Quando Jesus nos revelou a necessidade da caridade, ele falava do relacionamento com nós mesmos e com nossa forma de manifestarmos no mundo.

É preciso encontrar os nossos complexos, no processo terapêutico de passar em revista aos acontecimentos da vida, elencando as situações que mais se repetem e onde nossas reações são mais exageradas, quase de maneira irracional. E aí estaremos diante dos nossos complexos. Não racionalize. Se racionalizar, o ego esconderá de novo. Tome anotação e descreva cada um desses temas que se repetem.

"Todos me rejeitam, sempre que você se relaciona comigo é com ódio". Essas são frases que demonstram adulteração da verdade. Frente às várias possibilidades de interpretação, recorremos àquela complexada. Sempre que estivermos diante de "todos" e "sempre", atentemos para o complexo que começa a manifestar-se, decidindo nossas vidas sem a liberdade do arbítrio, que não consideram as nossas crenças e a nossa vontade.

É preciso atenção, mas nunca a repressão, pois se julgarmos o complexo em sua manifestação, o ego novamente vai reprimi-lo e agora com mais energia, e da próxima vez que tocarmos, a ferida estará mais dolorida. Aprendamos a lidar conosco, e de posse de nossos tesouros, distribuamos consolação às dores daqueles que chegam em sofrimento.

Olhando para o ser humano, enxergamos feridas que precisam ser tratadas e complexos que necessitam ser curados. Quando temos uma ferida em nosso corpo, ao mínimo toque respondemos com a sensibilidade exagerada, de forma irracional. Essas podem ser comparadas ao complexo que vivenciamos, enquanto temas de nossa vida onde, em todas as experiências, só temos olhar para esse assunto.

As experiências vão se acumulando em torno desse eixo, criando zonas de grande sensibilidade. Assim como as feridas, quando os fatos da vida emocionalmente nos tocam, quem responde primeiro são os complexos, de forma exacerbada e não consideram a razão de nossa consciência. As nossas vivências e crenças evoluem, modificando-se, mas a energia do complexo permanece a mesma.

Os complexos assumem o pioneirismo da reação, a razão não mais determina os nossos destinos, mas as energias deterioradas sobre outras crenças do complexo. Apesar de nossas mentes já despertas, respondemos de forma irracional, já que não levamos em conta aquilo que compõe a nossa razão.

Sabemos que não são os fatos da vida que nos trazem felicidade ou sofrimento, mas sim a interpretação que fazemos deles. Já que não são os fatos que talham o nosso destino, encontra-se em nossa vontade, utilizar lentes mais saudáveis para apreciar novos aspectos da situação. Já que somos nós que ditamos as interpretações que talharão nossos destinos, cabe-nos fazer uma interpretação mais favorável.

Os temas de nossas vidas são recorrentes, pois precisam ser aprendidos, e as energias em torno deles serão criadas de forma benéfica ou maléfica, conforme nossa interpretação do fato. Se o tema é olharmos para todos com superioridade, não adianta fazer ao contrário e olhar tudo com inferioridade. Continua o mesmo tema de construção do complexo. Não houve transformação nenhuma, apenas negação para esconder o complexo. Isso alimenta ainda mais as suas energias e a sensibilidade de resposta.

Ser tomado pelo complexo é considerar que na vida, tudo diz respeito àquele tema. Se o complexo é de superioridade, vamos encarar todos os acontecimentos da nossa vida como superiores a tudo. Se o complexo é de inferioridade, vamos encarar todos os acontecimentos como inferiores a tudo. É diferente de dialogarmos com os complexos.

Se vem a concepção da superioridade é preciso perguntar: "Diante de que estou sentindo-me superior?" ou, "diante de que fato estou sentindo-me inferior?" Essa é a forma de curar um complexo. Orientando-nos de que complexo é energia polarizada que olha para uma única interpretação, com uma única lente. Para conter a polarização é preciso diversidade, o exercício de olhar com várias lentes para o mesmo fato.

Lembremos do papel da mulher ditado pela sociedade: "A mulher precisa ser mãe na família, esposa no casamento e profissional no trabalho", mas o que se dá com a maioria é que são mães na família, no casamento e no trabalho. É só o tema "mãe" que se repete em todas as situações. É aí que se constrói o complexo.

Viemos à terra para escrever a nossa história e ganhar uma personalidade que nasce no berço e morre no túmulo. Essa personalidade, para diversificar o seu aprendizado precisa utilizar-se de várias personas, várias máscaras. E aqui, já compreendemos as máscaras da mulher, seja de mãe, esposa ou profissional, mas a personalidade é a mesma. O caráter, os atributos com valores existenciais são os mesmos, mas os papéis precisam ser vivenciados de forma diferente.

Isso é superar um complexo. Ter uma mente para cada situação sem perder sua identidade. Sabemos da dificuldade, mas conhecemos também a necessidade. Precisamos disso para evoluir. Quando olhamos cada uma das situações com o prisma de várias competências, descobrimos que somos bem competentes na família, pouco competentes no casamento e menos competentes ainda no trabalho. Isso não nos faz maior ou menor. Faz de nós aqueles que conhecem suas competências e o potencial de aprendizagem da essência espiritual da qual somos constituídos.

Se a minha competência, diante de uma situação está aquém, é preciso investir nela. Só isso. Não é preciso culpar-se, é preciso investir. Encontremos em nossas vidas o lugar de cada tema, e só assim nos daremos oportunidade para vivenciar cada uma de nossas experiências.

O complexo é a interpretação equivocada que fazemos de fatos da realidade produzindo uma reação exagerada. Existe a realidade concreta dos fatos e a leitura psíquica de cada um de nós, revelando-nos que não vivemos de fatos concretos, mas das nossas leituras psíquicas. O ser humano, na sua ignorância, quando descobre isso, pensa: já que eu não vivo da realidade, produzirei em volta de mim, uma leitura psíquica mais benéfica frente aos acontecimentos da vida que não quero olhar. E assim responde da mesma forma, diante de todos os fatos da vida criando um acúmulo da mesma energia, causando uma grande sensibilidade a qual chamamos de ferida. Nessa construção, sempre que um fato de fora sensibilizar-nos, doerá a ferida, pois é o lugar mais sensível, e responderemos sempre da mesma forma. É o exemplo dado da mulher que na família é mãe, que no casamento é mãe, que no trabalho é mãe, e que na sociedade é mãe também, vivendo uma existência polarizada em torno do papel da mãe, tirando dela a diversidade das experiências da vida para o aprendizado e o despertar de outras faculdades.

Essa é a gênese dos complexos: sempre que formos sensibilizados a responder, eles responderão por nós, sob forma de automatismo, independente daquilo que acreditamos e da nossa razão. Isso vivenciamos muito em discussões: falamos coisas que não pensamos e ouvimos coisas que o outro também não pensa a nosso respeito. São dois complexos brigando. Frente a isso, há grande dificuldade de diferenciação entre uma ilusão e uma certeza.

No patamar evolutivo que estamos não existem certezas, somente opiniões e interpretações complexadas. Assim, Cristo nos ensina o "não julgueis". Não julguemos porque os nossos julgamentos não passarão de opiniões complexadas. Não aceitemos os julgamentos alheios, pois esses também não passam de opiniões complexadas. Não refletem a realidade nem de um lado, nem de outro. Não nos preocupemos com as críticas, e também não nos enalteçamos com os elogios. Eles também são apenas opiniões complexadas.

Aqui vem a questão que precisa arder em nossas mentes: como descobrirei o meu valor pessoal se não é pela opinião das pessoas, já que elas não refletem a realidade? O nosso valor pessoal será dado pelo conhecimento interior de nossa essência divina e da submissão às leis que nos levarão à felicidade.

Não há como nos orientarmos nem pelos elogios e nem pelas críticas alheias. Precisamos vivenciar a diversidade e superar a reação automática dos complexos, que não consideram as nossas crenças, e só aí despertaremos para a felicidade plena que nos aguarda.

Compreendamos o nosso interior, enquanto movimentos que nos levam à perda do processo racional de consciência, e encontraremos os complexos, roubando-nos autonomia e respondendo aos acontecimentos da vida de forma automática, sem passar pelo crivo de nossa razão. Ser complexado é reagir, ainda, através dos instintos animais que remanescem no humano.

É preciso identificar cada uma dessas feridas e lentes que utilizamos para interpretar o mundo num processo de polarização, onde só há dois lados, o começo e o final da escada, sem percebermos que estamos girando em torno do mesmo tema: a escada, o tema complexado.

Descrevemos aquela mulher que é mãe na família, que é mãe no casamento, que é mãe no trabalho e que é mãe na sociedade. Aqui demonstrando-nos sua polarização no tema da maternidade, perdendo toda a diversidade de experiências e de novos olhares que os fatos proporcionam, para que tenha mais profundidade no conhecimento deles na construção da sabedoria. Sempre que o mundo sensibilizar uma resposta dessa mulher com complexo materno, ela responderá enquanto mãe.

Aí, ela aprende, equivocadamente, já que seu complexo é responder como mãe, fará agora força para nunca mais responder como tal. Continua polarizada frente ao complexo materno, ora aceitando e agora fugindo. Quanto mais vivencia essas experiências, mais vai acumulando no eixo do tema, mais energias e deixando mais sensível, e sempre que se tocar nessa mulher, ela responderá com o seu ponto mais sensível: o complexo materno.

Precisamos de consciência para identificação dos complexos e sua remissão. Não se cura um complexo, escondendo, fingindo que não o tem, ou contrariando-se a ele. As forças do complexo vêm da sua inconsciência, a sua cura, então, precisa vir da consciência. É preciso que estejamos conscientes dos complexos que temos enquanto feridas e lentes, ou continuaremos a interpretar o mundo sempre da mesma forma.

Todo processo possui os seus *inputs* (entradas) e *outputs* (saídas). Essas são as melhores formas de entrarmos em contato com nossos complexos, descobrindo os gatilhos que os trazem à tona e minimizar os danos das consequências que eles causam no mundo, pois só somos conscientes, antes do complexo entrar em ação e após o seu término. É preciso que esses complexos sejam, dessa forma, dessensibilizados. Olharmos para a presença deles, para conhecer o nosso inconsciente, onde mora o nosso maior tesouro. E aí, empreenderemos o autodescobrimento que nos levará à evolução e à superação do mal que nos aflige.

O sujeito complexado, quando não o identifica, torna-se joguete dos seus instintos. Esse, somos nós num processo de acesso de raiva, de medo, de tristeza, de euforia, de preocupação, muitas vezes descrevendo que algo nos tomou e perdemos a capacidade de agir. Sim, essas são as atuações dos complexos. Compreendamos, frente às advertências da vida, que toda a reação causada por um complexo falará sempre de nossas responsabilidades.

Quando num relacionamento acontece uma traição, é preciso que saibamos que é fruto de nossos complexos. Fruto das vezes que a parte traída se evadiu do relacionamento sem perceber, porque assim ocorrem os complexos. Não estamos desculpando a parte que traiu, essa se verá com os mecanismos da lei. Mas se a parte traída romper, sem tirar a lição da responsabilidade que lhe cabe, entrará em outro relacionamento sujeita a novas traições.

Enquanto não tomarmos conta dos complexos, eles definirão os nossos destinos. Sempre que nos comparamos ao outro, no sentido de que o outro foi errado, de que o outro foi inadequado, perderemos o tempo de olhar para nós e descobrir as nossas limitações, identificando os nossos complexos. Só nos tornando conscientes é que perderemos sua força de ação.

Nunca saberemos a intenção e o desejo do outro com certeza, assim como respondemos complexamente, sem passar pela vontade de nossa razão, o outro também nos responde da mesma forma, com os complexos dele. A maioria de nossas discussões acontecem à revelia de nossa vontade e distante daquilo que pensamos. São reações automáticas de um inconsciente complexado que responde por meio de instintos ainda animais.

O grande desafio para nosso autodescobrimento é que o maior dos nossos tesouros não se encontra na consciência, mas no inconsciente. A consciência é como uma ilha, e o inconsciente é como um oceano inteiro. Como somos caminhantes para a plenitude, o inconsciente deseja dialogar com a consciência, mandando de lá os tesouros ainda não conhecidos. Mas o ego, morador dessa ilha teme o desconhecido, fechando a porta. O inconsciente mais forte, explode por meio dos complexos que polarizaram a nossa vida. Para o equilíbrio da mente e das emoções, precisamos criar um espaço de diálogo interno entre o inconsciente e a consciência, silenciando o mundo exterior e contemplando o interior de cada coisa.

Precisamos entrar em contato com cada uma dessas interpretações complexadas dos fatos e suas emoções. Aqui, sugerimos um caderno de anotações, onde descreveremos não o fato concreto, mas a interpretação complexada e a emoção que surgiu enquanto reação. Mais ainda, é preciso um espaço de compartilhamento de relações sem julgamento e sem orientações para acolhimento e conexões. É preciso, diante dessas três práticas: isolamento, expressão e compartilhamento, estabelecermos formas de diálogo entre inconsciente e consciente. Assim, estaremos cientes dos nossos tesouros para manifestá-los no mundo.

Formemos entre nós, encontros sem julgamento e sem orientações, onde possamos começar com as questões: quem sou eu? Quais são os meus maiores sonhos? Quais são os meus maiores medos? Sabendo que aqui é proibido falar do outro, orientar ou julgar. Cada um de nós necessita desse espaço de acolhimento e conexão para que as nossas almas se expressem no mundo conforme a nossa verdade.

Entre os obstáculos que nos dificultam seguir adiante, está o olhar do outro, que muitas vezes, ditam as regras de nossas vidas sem percebermos e muitas vezes, criamos personagens para agradá-lo. Tanto no campo da inconsciência, onde escondo de mim mesmo, quanto no campo da mentira, onde escondo do outro, perdemos a oportunidade da energia de olhar para dentro e descobrir a essência divina que nos dará forças. É preciso minimizar a importância do olhar do outro para rompermos a resistência egóica quanto aos conteúdos que vem do inconsciente, onde mora o tesouro de nossas almas e facilitar o autodescobrimento, que nos livrará do arrastamento do mal e melhorará nossa estatura evolutiva.

Para passarmos da imaturidade psicológica para um grau de autonomia, necessitamos da interação com o outro. Através dos embates e do flexionamento é que adquirimos envergadura moral e musculatura para seguir adiante. Mas é fantasia acreditar que precisamos da aprovação do olhar do outro. Não! Necessitamos de interação. Fomos educados por pessoas tão complexadas quanto nós e polarizadas diante de suas opiniões, em que se orientavam sempre, no seu processo de educação, para a reação do olhar do outro.

Assim crescemos com o olhar alheio como supervisor de nossos destinos. Aquele que diz o que é certo ou errado e o que é adequado ou inadequado. Os filhos de pais imaturos são crianças feridas e com falta de autonomia. Mas não dá para ficar lamentando o passado e nem contando a história triste da nossa infância. É preciso, hoje, nos reconhecermos imaturos e sermos o suporte de construção de nossa autonomia. Se não tivemos os pais e as mães que queríamos, sejamos hoje os pais e as mães que talharão a nossa maturidade.

Ter admiração do outro, nesse contexto, é estar sempre olhando para aquilo que agrada o olhar dele. É estar envolto em complexos e em sofrimentos, por não poder manifestar aquilo que se é. Constatar que vivemos numa sociedade desumanizada onde precisamos ser perfeitos ao olhar do outro e a perfeição não nos é um atributo possível no momento. Agora, dá para ser real e não ideal, é preciso nos contentarmos e ter consciência de nossas limitações e pelo investimento em nossos pontos fracos, chegaremos mais adiante ao aperfeiçoamento.

No processo da infância, somos suscetíveis ao olhar do outro. Vem a adolescência trazer-nos as experiências de vidas passadas e só chegaremos à maturidade se conciliarmos as duas coisas, a suscetibilidade da infância com as lembranças passadas da adolescência. Assim, entre a tese da infância e a antítese da adolescência, é preciso escolhermos, na síntese, aquilo que queremos ser na maturidade.

Um grande desafio para a compreensão daquilo que é essência em nós, é esse olhar do outro que nos polariza na expressão de vitimização ou do poder. Nós que queremos a validação do outro para termos certezas de nossos atos, tornamo-nos joguetes em suas mãos. Quando nos criticam, fazem com que mudemos de opinião, e quando nos aplaudem, fazem com que façamos aquilo que eles querem. Enquanto o olhar do outro for o norteador do nosso caminho, sempre estaremos sujeitos ao seu humor.

Não estamos dizendo que o olhar do outro não tem importância, mas que esse não tem a importância que lhe damos. Não pode ser ele o validador de nossos valores internos e nem o preenchedor de vazios emocionais. Sempre que damos ao outro essa função, significa que não estamos ocupando os espaços que cabem dentro de nós. É preciso, através da reflexão, diferenciar o embelezamento de nossos atos, de nosso desenvolvimento psíquico.

Enquanto nos colocamos como vitrine, o outro toma o espaço de aplaudir ou de vaiar. Nós, que nesse lugar nos colocamos, reagiremos conforme a reação que eles tiveram. É preciso enxergar o outro enquanto possibilidade de interação, que por meio da compreensão de suas manifestações, entendendo profundamente as bases que os levam a pensar dessa ou daquela maneira a nosso respeito. Quando somos vitrines, estamos preocupados com a superficialidade, e sempre que somos superficiais conosco, damos ao outro também o direito de responder da mesma forma.

Compreendamos que os nossos vazios não poderão ser preenchidos pela presença do outro. Esses vazios são negligências de nossa parte que não os preenchemos. Quando nos distanciamos do olhar do próximo, não é para romper vínculos, mas para quebrar os apegos. O apego daqueles que acreditavam que os vazios poderiam ser preenchidos pelo relacionamento com o outro. Relacionar-se não é ter as suas necessidades supridas por alguém, mas favorecer um espaço de desenvolvimento para os dois. Não façamos dele um objeto de ocupação de nossos vazios. A possibilidade de um bom relacionamento precisa ir além da carência de ambos, ao desenvolvimento do suprimento em cada um para ocupar os seus próprios vazios.

Os complexos parentais acentuam essas dificuldades. Quando nascemos, há duas polaridades que cuidam de nós. Na maioria das vezes, representada pelo pai e pela mãe. Mas na ausência deles, também pelas personalidades femininas e masculinas que envolvem a infância. A mãe, representando cuidado, acolhimento no que tange às características emocionais do ser. O pai representando a proteção, a força e a coragem de ir para o mundo e buscar o seu espaço. Através da vivência com o masculino e o feminino é que talhamos nossa identidade no que diz respeito ao feminino no homem, chamado de "anima" e ao masculino na mulher, conhecido como "animus". Esses são os nossos avessos, as forças que sustentam as manifestações de nossas verdades.

É preciso não culpar os nossos pais por aquilo que somos hoje. Quando aprendemos esse conhecimento, a primeira coisa que vem às nossas mentes é: "Tenho dificuldade de acolher, por culpa da minha mãe! Não tenho coragem de sair para a vida por culpa do meu pai!" Não é isso! A presença dos pais em nossas vidas influencia, mas jamais determina. Sempre, ao invés de perguntarmos: "O que os meus pais fizeram de mim?", é questionar: "O que vou fazer com aquilo que os meus pais fizeram de mim"? É autorresponsabilidade! É trazer a responsabilidade para si. Se a culpa foi dos meus pais, ficarei aguardando o reconhecimento e o acolhimento deles para me curarem? Não! Agora, se a responsabilidade pela ressignificação for minha, eu posso olhar para essa realidade e me cuidar de forma diferente.

É nesse contexto que marido e esposa são como duas crianças procurando seus pais no outro, revelando uma personalidade imatura e dependente. E do relacionamento entre duas crianças que procuram pais, é bem difícil de se chegar a um entendimento e de aceitar a criação de seus próprios filhos de maneira responsável.

Precisamos constatar que olhamos para os nossos pais e não enxergamos as pessoas que foram. Olhando para eles, enxergamos os nossos complexos. Assim, quando dois irmãos comentam sobre pais que já desencarnaram, alguém de fora achará que estão falando de pessoas diferentes. Nem um dos dois enxergou a pessoa verdadeira do pai ou da mãe. Enxergaram apenas os temas que se relacionavam. Ora do cuidado, ora do acolhimento, ora da proteção e ora da força. E sempre que um desses temas aparecer em suas vidas, virá à tona toda a dificuldade que passaram com seus pais.

Assim como os nossos pais tiveram limitações para lidar com os seus filhos, os filhos também foram muito limitados ao reconhecerem o que os pais fizeram por eles. E aqui, a compreensão de que cada um sempre faz o melhor que pode, no cumprimento de suas missões frente às limitações da vida.

Na vida adulta, acelerando esses complexos parentais, nos colocamos enquanto crianças, ainda querendo agradar pai e mãe, ou enquanto adolescentes rebeldes querendo fazer diferente do pai e da mãe. E o buraco no qual nos encontramos é que, ao repetirmos ou fazermos diferente, estamos lidando com o mesmo complexo. O seu direito e o seu avesso. Tanto um quanto outro, não nos ajudará porque estamos colocando a referência de nossas vidas, fora. Isso chama-se imaturidade. Somente é maduro aquele que tem a referência em si mesmo.

Como somos as únicas pessoas que vivenciaram as nossas próprias experiências, somos também os únicos capazes de dar o valor que merecemos. Somos os únicos que conhecemos as nossas potencialidades e as nossas virtudes já desabrochadas.

O outro é importante em nossas vidas, mas o valor exagerado que damos a ele, inibe o nosso autodescobrimento, porque nos colocaremos a olhar para fora e o nosso maior tesouro mora dentro. Na relação com o outro há sempre dois extremos: a hipervalorização e a exclusão. Ou consideramos demais o outro, ou jogamos fora. As duas polaridades, assim como em todas as manifestações da vida, serão sempre destrutivas.

Compreendamos que ao valorizarmos o outro em demasia, a nossa atitude é superficial e sem responsabilidade, porque não conhecemos o contexto de sua vida. É uma desconexão com a sua identidade interior. É julgarmos pela casca, pela superficialidade. E ao excluirmos, também é desconsiderá-lo. A reflexão precisa ser nossa, mesmo que a visão seja dele, sabendo que esse olhar não enxerga quem somos.

O lugar do outro no nosso processo de autodescobrimento, não é na definição do nosso valor, e nem nós na definição do valor dele, porque nem ele conhece o nosso contexto e a nossa potencialidade, e nem conhecemos a experiência dele. A presença do outro, serve para trazer temas que precisamos refletir. Uma forma de motivar o diálogo interior entre o nosso ego e o inconsciente. Na certeza de que a vida é grande mestra que jamais falhará e que nada acontece por acaso, a opinião e o relacionamento do outro nos trazem temas que precisam ser refletidos nesse diálogo.

Educação

Colocando-nos diante da percepção da vida imortal de nossas almas e aprendendo que, somente pela compreensão dessa maquinaria complexa que compõe os nossos corpos, cada um deles em vibrações e em mundos de dimensões distintas, vamos tomando consciência da lição que nos cabe na criação e na harmonia do todo.

Os instintos que estagiam nos reinos minerais, vegetais e animais chegam ao homem diferenciado por cada uma dessas experiências, e o humano, através do contributo da consciência, entra em seu processo de maturidade pela ressignificação. O atrito entre consciente e inconsciente, formulará o terceiro elemento transcendente, levando à evolução desse instinto para os termos universais do aprendizado da consciência desperta, a qual chamamos de arquétipos[2]. Por meio deles nos desprendemos do caos, enquanto massa disforme, onde

---

2 Segundo conhecimentos trazidos por Carl Gustav Jung.

não compreendemos as suas leis, para algo organizado em temas, facilitando a compreensão da consciência ainda imatura.

No momento da concepção, o espírito no processo de dissolução, através dos orientadores da vida maior, ganha organizadamente os temas da vida que precisarão ser desenvolvidos naquela reencarnação. A vida na Terra assemelha-se a um laboratório, onde os acontecimentos e os personagens são colocados à disposição do que a alma reencarnante necessita para o cumprimento, seja de suas provas ou de suas expiações. Esse laboratório organizado é fruto de nossos arquétipos.

No ventre materno, a criança, agora composta pelos arquétipos organizados pelos orientadores da vida maior, tem contato com o inconsciente coletivo do planeta ao qual está reencarnando. Durante o processo da embriogênese percorre novamente as formas da evolução do instinto dos animais primários, tomando a forma de peixe, ora de anfíbio, ora de réptil, relembrando a trajetória desse princípio inteligente que, pela maturidade do instinto que transitou por cada uma dessas formas, tornou-se espírito individualizado. No processo intrauterino, as emoções maternas, talha seu inconsciente pessoal da diferenciação do inconsciente coletivo, desenvolvendo-se os primeiros complexos.

No momento de seu nascimento, a criança ainda não se diferencia da mãe, compreendendo-se como parte dela. A ausência da mãe traz a sensação de dissolução, sentida por aquela mente que ainda não se individualizou. Por volta do terceiro mês, frente aos atritos do meio e as crises, começa a surgir a diferenciação do inconsciente pessoal em formação da consciência propriamente dita, e aí a criança começa a perceber-se como algo diferenciado da mãe e do meio.

Inicia-se por volta do segundo ano, a percepção do ego, que surge enquanto diferenciação da consciência para administrá-la, e aí observamos que a criança já não se dirige a ela em terceira pessoa, mas agora em primeira. Como a evolução do cérebro acontece em fases distintas, completando seu desenvolvimento por volta dos vinte e cinco anos, esse ego somente aí estará maduro e completo para inserir-se no mundo, enquanto indivíduo responsável pelas suas ações.

Essa é a infância mais comprida entre os seres vivos e, nesse período de imaturidade, aqueles que convivem com a criança talham-na os valores do mundo, infelizmente sem prestarem atenção às aptidões e às vocações trazidas de outras vidas por aquele espírito. Compreendendo que todos à sua volta são educadores de caráter, a criança confiando, ainda por ser indefesa e dependente desses, adapta-se ao mundo, diante do parecer alheio de que precisa ser menos isso e mais aquilo para ser aceita.

O que naquele meio é valorizado, talha a persona da criança que é a forma que interagirá com o mundo, mas em contrapartida, forma também no seu inconsciente, a sombra que será, tudo o que ela é, mas que não foi aceito pelo meio em que vivia e precisou ser escondido para que tivesse uma melhor aceitação.

Somos aquilo que mostramos, mas também aquilo que escondemos. O que mostramos está na consciência, sob o controle do ego que se responsabiliza pela sua manifestação, mas o que escondemos, não deixamos de ser, manifestando-se à revelia, como um cão feroz trancafiado num ambiente escuro sem atenção. Quando ele escapa, morde a todos, inclusive o seu dono. Se esse cão feroz estivesse na consciência sob cuidados, seria para nós, diante da atenção dispensada, uma força de defesa.

Aquilo que somos, mas que nos convenceram a não ser, continua agindo em nós sem o controle da manifestação do ego. Nesse aprendizado, saibamos distinguir o motivo dos nossos complexos e a dificuldade de nos inserirmos na vida. Somos seres que acreditamos ser o que manifestamos na consciência e que não enxergamos o inconsciente da sombra que se manifesta causando o seu estrago no mundo.

A percepção do apóstolo Paulo quando diz "o bem que eu quero, esse eu não consigo fazer, mas o mal que não quero em todo momento me assalta", compreendendo que o bem estava na consciência e o mal na sombra. E assim, somos todos mistos de consciência e de sombra, crianças que por não se conhecerem fazem tantos estragos, mesmo tendo consciência de que seria errado.

O ego precisa conhecer o que desprezamos em nós. Mas aí exige coragem para olhar para dentro. Coragem de enxergar-se pequeno, vil e mau-caráter, e às vezes criminoso. Se não nos olharmos, jamais conseguiremos que isso manifeste-se ordenadamente no mundo, posto o que o ego não enxerga, aparece sem ordem à sua revelia. Só através da educação desse interior desconhecido, fará com que esses complexos possam ser integrados na consciência.

Quando Jesus disse "brilhe a vossa luz" e frente a nossa ignorância, entendemos para que brilhasse a nossa persona, e não nosso maior tesouro, nossa maior energia, o que em nós se fará luz, e que se encontra em nossa sombra.

Compreendendo que as leis de Deus estão escritas em nossa consciência, e que não lembramos delas, é preciso que nos conscientizemos de que elas estão na sombra e, somente através da educação e do trazer das potencialidades para fora, é que integraremos essa força que nos dará sentido de vida para o cumprimento de nossas missões na criação divina.

Quando dizemos que o ser humano é complexo, queremos dizer que um homem é muito mais do que a sua consciência conhece, mas que nem por isso deixa de atuar. Aqui, não há qualquer crítica contra os nossos educadores. Fizeram o melhor que puderam frente às limitações do meio onde estavam inseridos. Não culpemos os outros pelo que foi feito de nós, mas assumamos o protagonismo de nossa caminhada, questionando "o que vamos fazer com o que fizeram de nós?".

De onde viemos, os pais que tivemos, o ambiente que nos acolheu, marcaram profundamente o destino de nossa reencarnação, mas não a determina. Viemos de uma estrutura familiar onde nos compararam com as melhores características de cada um dos primos, estando sempre em dívida, pois nenhuma dessas pessoas teriam todas essas características reunidas, mas, por idealização dos nossos pais, isso nos influenciou para que acreditássemos que fossemos menos e que estávamos sempre em falta.

Por outro lado, os pais que nos idealizaram enquanto seres perfeitos, influenciaram as nossas vidas no sentido de que não temos problemas, e os que aparecem são dos outros. Tanto um extremo quanto outro influencia, mas não determina. Cabe ao ser humano maduro ressignificar a sua história, honrar os seus genitores por terem feito diante das limitações, o melhor que puderam.

Se eles não acolheram suas crianças em suas aptidões, sejamos nós, agora crescidos a responsabilizar-nos por elas. Tome a sua criança ferida e diga conscientemente "agora eu vou cuidar de você e dar o que precisa". Assim como os astros, o meio inclina, mas jamais determina nossos destinos. Somos portadores de livre arbítrio, e a qualquer momento podemos recontar a nossa história. Só é preciso coragem para olhar e integrar o que ainda não queremos ser.

Quando Jesus foi requerido por uma mãe dizendo "cuide de minha filhinha que está no seu leito de morte. Vá até ela e imponha suas mãos e salve-a, dando-lhe vida", mostrou que a cura do Cristo não era no corpo físico, mas esboçada no "salve-a". Salvar é tirar do caminho do pecado. Pecado é errar o alvo de sua felicidade. Então salvá-la, era trazê-la de volta ao seu caminho de felicidade. Não estava Ele preocupado com o corpo que morreria, mas sabia que colocando o espírito de volta à sua missão, a alma sã restauraria a saúde do seu corpo físico, instrumento de sua manifestação. Portemo-nos da mesma forma diante aos sofredores que nos chegam. Coloquemo-nos diante do caminho do evangelho de Cristo e deixemos que o poder de seu amor faça o restante.

Ordenou-os, o Cristo, que tomassem o caminho, mas que não levassem nada, apenas um cajado. Nem pão, nem alforjes, nem bronze para os cintos, apenas que curassem. Ensinava Jesus aos apóstolos que somente o cajado que lhe indicassem vigilância, seria o suficiente para que o Pai desse a eles a sua providência.

É preciso também, que lembremos o Cristo quando dizia "olhai os lírios do campo e os pássaros da terra, eles não cultivam nem amontoam em armazéns. Eles não fiam e nem tecem, mas o Pai cobre-lhes e os alimentam". Compreendamos o buscar em primeiro lugar as coisas do céu e o reino de Deus e tudo mais será acrescentado. Não nos preocupemos com o amanhã, a cada dia basta a sua experiência.

Estamos na Terra para cumprir nossa missão na criação espiritual. Façamos isso, a parte que nos cabe, sem amontoarmos para o amanhã, pois está aí o fruto das misérias e das desigualdades sociais. Pensar no que precisamos guardar porque amanhã pode faltar, é ir contra o Cristo que nos ensinou para distribuirmos que amanhã não nos faltará.

O que fazer com o que fizeram de mim?

Nossa mente, a todo momento, está procurando soluções e respostas para questões de fora e, outras vezes, para aquelas que nos chegam enquanto fantasias não compreendidas pela nossa alma e, ainda não estão condizentes com a identidade de nosso espírito.

No processo educacional em que fomos submetidos e, não vale qualquer crítica, pois sabemos que os educadores fizeram da melhor maneira possível, nas limitações impostas pelo meio e, com as deficiências advindas de suas imaturidades espirituais.

O fato é que hoje estamos e precisamos cuidar disso tudo que os nossos educadores fizeram de nós. Buscaram o melhor que podiam, mas vilipendiando as nossas individualidades.

Fomos educados para a inserção no mundo e para sermos por ele identificados como um processo vitorioso, e assim, as nossas identidades quando manifestadas na infância, sofreram o assédio exterior dizendo que precisaríamos ser menos isso e mais aquilo, como se eles fossem os mentores de nossa identidade.

Mas é certo que, por depender deles, dado que a criatura humana na sua infância é o animal mais dependente, ora de seus genitores, ora daqueles que tomam as suas posições, assim precisamos nos submeter, mesmo passando por cima da identidade que trazíamos de outras vivências.

Somos parte de um sistema que nos educou e que nos orientou segundo o modelo de sucesso que a sociedade, com as suas exigências, garantiu para que sobrevivêssemos ao mundo exterior. Assim, na vida madura, estamos distantes da identidade dos nossos espíritos. Fomos aquilo que deixamos que fizessem de nós, sem que considerassem as vocações e as atribuições que trazíamos. Somos adultos pela metade. Metade daquilo que trouxemos e metade do que o outro fez de nós. Na maturidade, entramos em contato com o conflito entre essas duas partes e nos vemos sem sentido de vida.

Muitas vezes, o que fazemos ou a forma com que agimos, está distante da identidade do nosso ser. Em que compreenderia a prova? Culpar os educadores não resolverá o nosso problema, mas encontrar uma forma de descobrir o que o mundo fez de mim. Busquemos com esforço próprio a compreensão do que fazer agora com o que o mundo fez de nós.

Essa é a entrada do ser humano em sua maturidade psicológica, cortando os excessos que dentro foram colocados e que não eram nossos, mas que hoje identificamos como se nossos fossem. Cortemos na carne, separando aquilo que somos, daquilo que fizeram de nós, não cabendo nenhuma crítica e nem ressentimento para que a nossa criança ferida se sinta vítima.

Tivemos uma criança ferida em nossas infâncias. O importante é que, saibamos escolher para que ela não tome as rédeas do adulto que somos, incorporemos as habilidades àquilo que fizeram de nós, sem processo de vitimismo, mas como alguém que cresceu e dita a essa criança ferida: "Agora ninguém mais necessita cuidar de você, pois quem cuidará será eu."

É preciso bastante coragem para despirmos das roupas que já tinham forma dos nossos corpos, para deixarmos de percorrer caminhos que sempre nos levaram aos mesmos lugares e assim, dava-nos a sensação de segurança. É preciso ousar, e nos despir de cada uma dessas roupas e não mais trilhar esses caminhos, mas a verdade de nossa própria identidade.

Essa é a situação que nos encontramos, e só conseguiremos livrar-nos dela se estivermos com o ego estruturado. Lembremos que o ego foi criado quando da evolução do princípio inteligente que habitavam nos animais, tomou consciência para não mais ser tutelado pelos instrutores da vida maior, adquirindo o livre arbítrio de uma consciência mais ampla. O arbítrio, assim como a consciência, veio com o nascimento do ego.

Duas estruturas conversam em nós, muitas vezes fazendo-se ouvir realmente como duas vozes em reflexão. Falamos com alguém que nos responde e, muitas vezes, até retrucamos a essa resposta. É aí que começa o desenvolvimento da etapa hominal da evolução. Uma é o self, a presença divina em nossa essência. A outra é o ego, responsável por manifestar esse divino no mundo, de forma harmônica, com o menor dano possível.

Flexibilizemos, mas sem perder a conduta, sem distanciar do caminho que nosso coração escolheu seguir. Acreditemos naquilo que fazemos como a melhor coisa que poderíamos entregar ao mundo. Aquele que não acredita na luz do sol, coloca seu lar de portas e janelas fechadas. Para esboçarmos o sentido da fé, basta crer na luz do sol, e segundo essa crença, abrir a cortina, e sem ter dado nenhum passo, essa luz se fará em nossa vida, começando desde já a modificar-nos. O ato de crer não é um objeto da razão, mas parte do mistério da intuição.

Somos metade luz e metade sombra, compreendendo que só assim, através do direito e do avesso, expressaremos no mundo, enquanto manifestação, a fé que necessita enquadrar-se ao mistério. O avesso daquilo que na consciência não é compreendido, e que a racionalidade não pode ser comprovada. Podemos refletir, que a fé por não ter comprovação científica, seria algo frágil e questionável em sua existência. Saibamos que em nossas vidas cotidianas, vivemos o elemento do mistério. Há coisas da luz, que controlamos e há coisas do mistério, que simplesmente acontecem.

Quando falamos na fé raciocinada, é preciso a compreensão de que o mistério não pode ir contra a comprovação da ciência, mesmo que você não o conheça. A parte que se faz visível necessita estar sempre diante dos liames da razão e, assim se faz o homem crente no que ainda não enxerga, mas do que já conhece, entende que dará o melhor passo: a fé que jamais pode contradizer a razão, mas ainda não pode ser explicada. Eis o mistério da crença que quebra os limites da nossa consciência, colocando-nos sempre diante na divindade, onde o ser humano é fantástico.

Aquele que só pelo fato de colocar-se a crer em algo, já altera as vibrações de sua mente sob suas características emocionais, tem o poder de sua energia e a concretização de sua ação no mundo. Tudo começa no crer.

Experiência disto, vimos na Segunda Guerra Mundial, onde as nações perdedoras foram quase que totalmente dizimadas, a exemplo do Japão, que através do seu imperador conclama a população dizendo: "Nós somos fortes, porque somos filhos do espelho da deusa sol", e por essa crença o povo japonês triunfou das trevas para os encantos do sucesso da atualidade. Assim fizeram, porque acreditaram ser filhos do sol, que iluminou cada uma de suas ações. Esse é o poder incognoscível da fé a nos ensinar que as fases do destino da alma humana moram em suas crenças.

É preciso coragem de olhar para a fé e fazer juízo de valor, no sentido de que, se essa crença que temos é limitante ou estimulante. O ser humano, através da liberdade de pensar, é o único responsável pela formação de suas bases de crenças. Esse estágio da humanidade, onde o conhecimento literário e racional suplanta o mistério da intuição e dos instintos, limita o ser, crendo apenas naquilo que a ciência comprova.

Para a expansão e evolução da consciência necessitamos abrir espaço, além do conhecimento racional. A inquietude impulsionará sempre a busca constante pelo ainda não conhecido. A alma move-se pelo combustível da busca, e não poderia ser diferente, posto que essa foi criada para imortalidade e diante da fé estará sempre um passo adiante. Assim que essa engrandecer e aportar valores, a ciência virá atrás. Somos nós, frutos de nossas crenças, e essas são frutos de nossa liberdade de escolha, e assim o ser humano é livre, não para fazer o que ele quer, pois não é livre quem faz o que quer. É livre quem faz o que de melhor se tem, pois esse não foi limitado por suas crenças.

A fé, compreendida como mãe de todas as virtudes, é aquela que sempre motivará e dará sentido à luz humana para progredir. Compreendendo que somos frutos de nossas crenças, reflitamos que os instintos que vieram dos três reinos da criação (mineral, vegetal e animal), estiveram sempre ao comando do mistério. Do mistério daqueles, que nos bastidores da existência, foram mentores e benfeitores desse processo de ascensão, época em que o princípio inteligente era por eles tutelado.

Quando respondido ao codificador da doutrina espírita, quando pergunta "se o instinto era uma inteligência primária e se cessaria com a evolução?", os benfeitores da vida maior foram sucintos: "não, o instinto sempre será a inteligência que nos conduzirá sem erro". E nós, encantados pela ciência, colocamo-nos a acreditar só naquilo que a razão comprova.

Somos metade razão e metade mistério. Metade do que conhecemos e metade do que ainda desconhecemos, mas nem por isso, deixa de promover o direcionamento de nossos destinos. Ou conhecemos e aprendemos a agir através do fluxo e dos ciclos, ou ignoramos, e o desconhecido tomará conta de nossas vidas e o chamaremos de destino.

Precisamos interiorizar e colocar-nos em contato com a sombra, como o desconhecido que nos compõe. Nós, que erroneamente acreditávamos que o inconsciente é tudo aquilo que não tem ordem, hoje precisamos reconhecer que o inconsciente tem sua ordem, porque tudo no universo é cosmo e jamais caos. Pelo fato da mente racional ainda não compreender essa ordem, não significa que ela não exista.

É a representação da fé, algo que os povos antigos chamavam de energia yin (mistério) e de manifestação yang (luz, consciência, conhecimento)[3], sendo o universo manifestado composto por essas duas polaridades e, assim, a vivência comprova-nos a crença sem a participação da ciência, mas nos processos intuitivos e instintivos. O homem quando deixar de crer somente no que ele enxerga, ampliará sua consciência. Não no sentido de perder-se nas peias do fanatismo. Fanatismo, sim é crença contra a comprovação científica. Fé é algo a mais, mas que necessita ser balizado por aquilo que já se conhece.

Quando examinamos a evolução dos instintos, chegamos ao cume dos arquétipos. Tipos antigos e primordiais, balizas que, mesmo não compreensíveis pela razão, levam-nos adiante. Os arquétipos que se revelam em nós pela expressão dos mitos, a trazer-nos a energia da manifestação da crença, baliza-nos não somente no que a humanidade já conquistou, mas no mistério da potencialidade que ela poderá manifestar.

Quando olhamos para a semente e compreendemos que, sendo ela uma semente de carvalho, será uma árvore grande, forte e frondosa, isso é exercício de fé. Naquele momento só se tem a minúscula bolota da semente, mas por confiarmos no que ainda não existe, plantamos, regamos, disciplinamos simplesmente pelo motivo de conceber a sua potencialidade de manifestação. E essa crença, transformada agora em

---

3 Yin e yang são utilizados pela medicina tradicional chinesa para descrever o estado dinâmico de equilíbrio dentro e fora do corpo. Para uma existência saudável, é necessária uma alternância harmoniosa entre esses dois aspectos opostos e complementares.

energia, através da ação do pensamento, faz com que a árvore cresça e torne-se frondosa.

O pensamento é força criadora, mas a sua energia vem da fé, vem do acreditarmos no mistério da essência, sem perdermos de vista as balizas do já conhecido, pois sem isso, cairemos no fanatismo não producente.

Quando o Cristo disse que a fé move montanhas não estava Ele falando de religião. Fé não é um artigo religioso, é proposta de vida, onde acreditamos no que ainda não vemos, tendo a certeza de que não pode ser diferente, após estar balizada no conhecimento que já angariamos.

Como toda a energia humana manifestante do pensamento enquanto força criadora, provém da fé. A melhor proposta da vida é crer na ideia do bem, pois sabemos que pela força magnética, atraímos semelhantes. A outra escolha que teríamos, seria crer no mal, mas agora balizado pela lei da sintonia, seríamos fanáticos e amaldiçoados. Por que alguém de fora nos fez assim? Não! Somente porque resolvemos escolher crer. E é preciso ficar claro que o bem sempre será a melhor escolha, levando-nos cada vez mais longe na escala evolutiva.

Não deixemos que nossas crenças nos limitem na manifestação do divino e nem na concretização de nosso destino. O conjunto de crenças de cada um, só faz parte de nossa consciência, porque escolhemos acreditar nelas. Essa é a majestade do ser humano: assim como escolhe acreditar, pode também escolher em desacreditar. E assim o destino de sua vida sempre estará em suas mãos.

Diferenciação Externa

Aquele que está no caminho de si mesmo, jamais deverá apartar-se. Se vem a brisa suave, aproveita o seu frescor, se vem o sol causticante, sofre com seu calor, mas não sai do caminho, nem para buscar brisa e nem para fugir do sol. Na perseverança vamos construindo, com esforço pessoal, o nosso próprio ritmo e a nossa própria forma de caminhar.

Apesar do propósito ser o mesmo para todos, é preciso que lembremos que todos os caminhos da criatura levam ao seu criador e que Jesus é a estrela a indicar o norte magnético. E nós, enquanto criaturas divinas, possuímos a bússola orientada sempre para a direção do Cristo. É assim que a criação garante que nenhum de nós se perderá no caminho da vida.

Podemos afirmar que todos os caminhos levam a Deus, até mesmo os errados. Esses também, fortalecerão as nossas pernas e nos orientarão segundo a natureza que nos chama sempre para a unidade. O caminho entre nós e a plenitude da felicidade, faz-se por meio de uma pirâmide. Sua base é por onde cada um de nós começa, muitas vezes, nos sentimos dispersos, mas, pela geometria que nos aguarda, seu topo vai afunilando, e estaremos subindo mais próximos uns dos outros.

Se você quiser saber se está descendo, olha para o outro a sua volta, se ele estiver mais distante, com certeza estarão no sentido da descida. Compreendamos que quanto mais próximo do topo, mais estaremos próximos um dos outros, e em nossos corações trazemos a fraternidade prometida pelo Cristo. E quando alcançarmos o topo, seremos unos em Deus e estaremos de volta aos braços daquele que nos criou.

Nenhum de nós foi e nem mereceria ser criado em lote, como uma sequência de coisas iguais, sem objetivos estabelecidos. Desde a criação fomos amados e individualizados. Cada um foi criado porque o universo carecia de sua presença para cumprir com a obra da criação. Somos todos, peças de um grande quebra-cabeça. Nenhuma é repetida. Cada uma com o seu lugar na harmonia do universo, e a falta dessa peça o tornará incompleto.

É preciso então, desmistificar o fato da reencarnação ter sido criada para a evolução do espírito. Essa é a segunda proposta. O objetivo da reencarnação é colocar o espírito no lugar que lhe cabe diante da obra da criação e, concomitantemente, fará aquilo que lhe cabe para evoluir.

Assim, é preciso refletir que se não estivermos ocupando o lugar da peça que nos cabe no grande quebra-cabeça do universo, não evoluiremos. É preciso, então, quando se diz que viemos à Terra evoluir, sejamos mais abrangentes. Fomos criados para ocupar um lugar na criação e Deus sempre nos colocará diante dele.

Aquele que cumpre com a sua missão, automaticamente evoluirá. E a cada um de nós, que já compreende que o princípio inteligente sob a tutela dos orientadores da vida maior, transitou pelos reinos minerais, vegetais e animais, chegou ao reino hominal onde, por novas estruturas, dentre elas o ego (eu) e o self (mim mesmo), adquire consciência e livre arbítrio, e com eles, responsabilidade pelos seus atos.

E aqui, vai à reflexão: se há lei de escolha, essa precisa ser suprema sobre todas as outras. Assim, podemos garantir que no universo não há determinismo. Tudo a qualquer momento pode tomar outro rumo, seguindo apenas a vontade do espírito.

Cientes desse poder que nos foi dado, é preciso conceber que não somos vítimas de ninguém. Tudo que acontece, vem da livre escolha de nossos atos. Não há ninguém, dentro ou fora de nós, com a possibilidade de nos fazer tristes ou felizes, se assim não permitirmos.

No diálogo entre ego e self, forma-se a mente, enquanto espaço da consciência desperta, compreendida como o espelho da vida em toda parte. E com isso, queremos dizer que a vida acontece na mente e que talvez não exista a mesma coisa fora de nós. Tudo só existe para nós, porque temos a capacidade de imaginá-lo dentro e assim, o universo é mental.

Existimos na mente do Criador, Ele nos criou pela sua vontade e de seu pensamento e nós criamos a realidade a nossa volta, plasmando nessa grande mente, o reflexo de nossos pensamentos que se sintonizam por reciprocidade e assimilação da corrente mental divina.

Tudo que necessitamos para empreender um caminho rumo à felicidade vem da interação do mundo exterior com nossa mente. E a figura importante nesse processo, apesar de imatura, ainda é o ego. Esse é o servidor da casa mental, enquanto o self é o seu senhor.

Compreende-se que o espírito, quando dito, criado simples e ignorante, refere-se à sua forma de manifestação, mas não enquanto suas potencialidades. É como olhar para a semente de carvalho sabendo que ali, apesar de ela não ser ainda uma árvore, morarem as suas potencialidades. O espírito enquanto essência já possui os potenciais divinos, mas enquanto expressão, necessita da maturidade do ego para se fazer funcionalidade na vida.

Compreende-se o self, enquanto parte de nós, que como "grande sábio", orienta-nos os instintos que surgiram no decorrer do estágio do princípio inteligente nos três reinos anteriores.

Nossos instintos, sob a ação do progresso, transformam-se em emoções, e por elas, o self transmite suas ordens para a execução do ego. Dentre elas, enquanto alicerces da mente, encontramos a raiva, a alegria, a tristeza, o medo e a preocupação. Emoções essas deturpadas pela compreensão do mundo exterior. Umas classificadas como negativas e outras positivas, erroneamente. Essas, enquanto manifestação da verdade em nós, precisam ser reconhecidas enquanto ordem do self para ego expressar-se no mundo para cumprir com sua proposta, causando o menor dano possível.

Os desafios do mundo encontram-se nos atos de nossas vidas, que são refletidos fora e conjugam com a reflexão dos pensamentos dos outros, num processo de cooperação que se atrai por afinidade. Por esse atrito surgem as perguntas e os problemas, aos quais insistimos em procurar as suas respostas fora esquecendo que a potencialidade divina mora dentro. Evoluir é ter melhor percepção das perguntas de fora e trazê-las para resolver no espaço mental onde realmente vivemos.

Os encarnados possuem maior dificuldade para a compreensão de que vivemos num mundo mental, porque acham que têm mãos que afagam, que manipulam, que se abraçam e que não concebem viver sem elas. Precisam lembrar que essas mãos, desintegrarão no túmulo. E mesmo que na pátria espiritual, o espírito conserve a forma humana, pela necessidade de ainda precisar reencarnar, essas mãos não possuem função. A ação se dá pelo pensamento e relacionam-se pela vontade. É preciso compreender que não somos seres terrenos, mas seres espirituais e para essa pátria retornaremos, levando daqui só nossas mentes. Se a vida estiver ruim aqui, essa mesma vida continuará ruim do outro lado, porque o espaço vivencial da mente nos acompanhará sempre.

A maquinaria da consciência move-nos para lidarmos com a mente e alcançarmos melhores resultados. Essa mente construída pela evolução dos instintos, na situação do humano, as ilusões salteiam a inteligência e a razão. Apesar dos conceitos de bondade, justiça e fraternidade serem os mesmos para cada ser, as ilusões roubam-nos a inteligência e enxergamos a expressão de conceitos diferentes dessas virtudes, não porque foram diferentes na base, mas porque foram degringolados pela maquinaria da mente.

A mente é a criadora da força que produz a energia eletromagnética do pensamento e sua expressão. Se estivéssemos falando de um barco, a força mental seria o motor e a vontade seria o leme. A vontade pertencente ao self, dá sentido e direção para todas as forças de nossa mente e, quando bem entendida, sempre nos levará diante daquilo que fomos criados perante a proposta da vida.

A vontade só é livre quando se compromete com a verdade. Como algo pode ser livre se está comprometido com outra coisa? Aqui vale a definição: liberdade não é fazer tudo o que se deseja, isso é libertinagem. Concebamos que não é livre aquele que procura as drogas, esse é prisioneiro dela. Não é livre aquele que não faz o melhor para si, porque quando não o fazendo, é porque forças estranhas os manipulam a vontade.

Livre é aquele que cumpre as leis de Deus. E, um novo e aparente paradoxo: como se é livre cumprindo leis? Compreendamos que as leis de Deus foram criadas com o objetivo de nos levar à felicidade plena no comprometimento que nos cabe na criação. A lei divina é o melhor caminho e, livre é quem pode escolher o melhor caminho.

No estado evolutivo em que nos encontramos, somos manipulados pelos valores que o mundo exterior nos dá. Se não nos adequamos a esse valor, sofreremos por não ter alcançado, e se nos adequamos, sofreremos com a insegurança de perdê-lo, porque estaremos num lugar que não nos pertence. E assim, nunca seremos livres se os nossos méritos estiverem atrelados aos valores que vem de fora e, nenhum desses, suprirá nossos vazios interiores.

Para uma estrutura interna de ego fortalecida é preciso apoiarmos nos valores que possuímos dentro. Façamos uma releitura mais benéfica e produtiva de: de onde viemos? Como isso nos influenciou? E como vivenciamos isso hoje? Se viemos de um ambiente onde não tivemos cuidados de mãe, isso nos influencia como aquele que não merece cuidado, e vivenciaremos a busca do cuidado simbólico dessa mãe em todas as pessoas que cruzarem o nosso caminho. E, há um ciclo determinístico de causa e efeito. Se ficássemos aí, estaríamos contradizendo o livre arbítrio da vontade.

Já dissemos que sobre o ser humano, os astros inclinam, mas não determinam. A única coisa que determina é a sua vontade. Então, quando contarem a triste história de suas vidas, saibam que não foram vítimas dela, muito menos dos personagens que a compuseram. Se alguém interferiu foi porque demos a chave da porta de nossa vontade. E, não estamos dizendo para que nos culpemos, mas para que nos conheçamos.

E só conhecendo a verdade, sem envolver em seus dramas que seremos deles libertados. O que deixamos que fizessem de nós, a qualquer momento pode ser mudado. Basta a vontade para afastarmos dos vícios e das paixões. A vontade coloca a responsabilidade total de nossas vidas em nossas mãos, não deixando o outro intrometer-se nela, mas também não se intrometendo na vida do outro sem sua licença.

Somos os condutores de nossos destinos, e a qualquer momento, se não estivermos gostando dele, podemos tomar outro caminho. A vontade é o leme. Ela que dá a direção de todas as nossas forças da mente, onde a vida acontece.

Estruturação Interna

Para quem deseja mais liberdade, a cada um será dada conforme o quinhão das responsabilidades que puderem suportar em seus ombros. Em cada ato de liberdade haverá uma contrapartida com a responsabilidade, pelos seus resultados que se pode suportar diante das oportunidades que a vida oferece. Só podemos escolher fazer aquilo que os riscos inerentes advindos da sua ação ou inação possam ser por nós suportados. Nossas habilidades existentes em potencialidades no espírito, serão desabrochadas quando pudermos responder pela harmonização de suas consequências no mundo.

Na evolução multimilenária é que o princípio inteligente passa em seu estágio pelos reinos minerais, onde aprende a talhar corpos; vegetais, onde aprende a trabalhar com energias; animal, onde aprende a sobrevivência do corpo e a perpetuação da espécie e hominal, onde ganha, pela estrutura do ego e self, a oportunidade de ter consciência e atuar pela razão.

Cada uma dessas evoluções não foi dada ao acaso, mas na maturidade do tempo que precisou ser aguardada para que a responsabilidade pudesse arcar, seja pelas suas consequências exitosas ou danosas.

Na concepção da consciência em que a estrutura do ego, instrumento de interação com o mundo exterior, responsável pela manifestação das potencialidades do divino em nós, self, que apesar de sua essência divina, é ainda potencialidade e não sabe expressar-se, como a semente que contém em si a potencialidade da árvore adulta, mas que nela ainda não se tornou. Para haver essa manifestação é necessária não apenas as suas forças, mas também a cooperação do solo fértil, um bom clima, uma boa irrigação e uma boa iluminação.

Assim, como a semente depende da cooperação para sair naquilo que é para manifestação e concretude, nós, enquanto espíritos portadores do self, essência da divindade, necessitamos de muitas mãos, da cooperação de várias presenças para nos fazer possibilidade para manifestação.

Sem cooperação não há evolução. Compreendamos essa lei sagrada que tudo integra para o crescimento do conjunto e o desabrochar das partes, e que não há harmonia no universo sem a cooperação de todos que o integram.

Nosso caminho para o encontro de Deus passa por muitas mãos. Mãos dos que foram na frente e desbravaram o caminho. Mãos dos que vem atrás, em privações, mas que após a acolhida, tomam um ritmo acelerado de compreensão. A cooperação ocorre quando um grupo se reúne em torno de uma finalidade sem que nenhum de seus participantes explorem os outros.

Vale o exemplo de nossos corpos físicos, onde uma célula coopera com a outra, criando órgãos. Esses órgãos cooperam com outros, criando sistemas, e esses sistemas cooperam entre si, criando organismos. Quando uma dessas células desiste de cooperar e passa a competir, é instalado o desequilíbrio em forma de tumores onde a célula que não cooperou, ataca o organismo inteiro, por fim também mata a si mesmo. Esse é o ensinamento da vida simbolizando que sem cooperação não há evolução, e quando entrar a competição, o organismo estará em perigo.

Olhemos também a colmeia, na organização de cada uma das abelhas, e reflitamos que talvez o que seja bom para a abelha não será bom para a colmeia. Bom para a abelha é servir-se de todo o mel produzido, mas é ruim para a colmeia. Mas o que for bom para a colmeia, sempre será bom para a abelha, pois quando a colmeia está farta, organizada e próspera, cada uma das abelhas estará protegida e integrada no conjunto que proporcionou a prosperidade.

Quando a colmeia prospera, evolui também cada uma das abelhas. Assim somos nós quando buscamos um grupo para servir ao Cristo. Cooperemos com a finalidade do grupo sem o extrapolamento e a extorsão dos envolvidos. Só assim a missão nos levará ao caminho de redenção. Não se contam quais foram condutores de forma diferente dos responsáveis por serviços considerados menores. Quando o grupo cresce, crescem todos os que fazem parte dele, principalmente quando esse grupo ganha uma identidade. Torna-se uma individualidade, assim também identifica os seus componentes. Não somos mais trabalhadores comuns, somos daquela instituição que sendo forte, fortalece seus membros pela força do conjunto e pela identidade da missão.

A produção de conhecimento acontece quando existe cooperação. Somente pela tese que trazemos em nós, com a antítese que encontramos fora, é que retornaremos para dentro e construiremos uma síntese, uma nova verdade a partir de dois pontos de vistas. Retornando a Sócrates, chegaremos à instituição da dialética e da maiêutica, na qual ele compreendia que somente pelo diálogo, que cada um defendia seu ponto de vista, mas sem fechar os ouvidos a ideia alheia, sairiam os dois maiores e de consciências mais despertas.

Ao questionar esse grande filósofo se poderia ele sentar os dez maiores tiranos da Grécia e dar a eles sabedoria, responde Sócrates: Minha mãe é uma boa parteira, mas nunca a vi dar à luz a uma mulher que não estivesse grávida. As ideias primeiro germinam em nós e só depois expandem-se na convivência com as diversidades, mas para as merecer, é preciso vontade enquanto gerência esclarecida, responsável pela governança de nossas mentes, espaço desperto pela nossa consciência onde se reflete a vida.

Nosso ego imaturo e infantil, enquanto somos pequenos e incapazes, a melhor forma de vitória é a divisão do que desejamos conquistar. Assim faz o self divino, produzindo o laboratório educador desse ego pela separação do todo em partes, no que chamamos arquétipos.

Assim, surgem os arquétipos do pai, mãe, irmão, amigo, mago ou de Deus, que em cada uma dessas divisões encontram-se tudo o que foi vivenciado pelo ego nessas identificações. Esses arquétipos estão no inconsciente coletivo, comunicam-se com o ego através do inconsciente pessoal, os quais constelam na consciência pelos complexos, sendo esses, subpersonalidades a exemplificar para aquele ego, o pai, a mãe, e as demais subdivisões. Na vida material, todas as experiências com cada um desses padrões serão armazenadas em seu complexo correspondente.

Quando a criatura se relaciona com o pai, ela o faz através de seus complexos, operacionalizando e demonstrando que o pai que está lá fora não é enxergado, mas sim o complexo dele, provando que a vida acontece toda na mente. Não nos relacionamos com as coisas de fora, mas sim com as imagens arquetípicas e complexadas delas em nossa consciência.

Como julgar um pai ou uma mãe que está lá fora se não os conhecemos? Como dizer que tal pessoa lá fora arruinou a nossa vida, se não nos relacionamos com ela? Vale a reflexão de que nas comunicações espirituais, a entidade comunicante é como um arquétipo que produz no nosso inconsciente pessoal, um complexo. E esse complexo bate às portas da consciência para integrar-se ao ego e manifestar-se numa subpersonalidade, assim como os demais.

São nos complexos que se encontram as energias que necessitamos para evoluir. Quando nos sentimos fracos é porque os complexos estão mais fortes. A cada complexo há um sintoma da sua manifestação, seja no corpo ou no mundo. O que não aprovamos nas outras pessoas, enxergamos o que é complexado em nós.

Não enxergamos as qualidades ou defeitos do que está fora, mas os nossos próprios. É na integração de cada um desses complexos que nossas consciências expandirão. Quando integramos o complexo, o ego recebe a energia depositada nele. Mas como integrar algo oposto? Complexo é tudo que não foi aceito na consciência pelo ego, segundo os julgamentos, as críticas e os elogios do mundo de fora.

Ego e complexo são inimigos que precisam reconciliar-se e nesse processo é comum que haja identificação. O ego identifica-se com a subpersonalidade e perde a sua consciência, instaurando-se o processo de loucura. Outro episódio também comum é que haja repulsa ou medo da subpersonalidade daquele complexo, e assim instalam-se os processos de ansiedade e a síndrome do pânico.

Qual a forma de integrar opostos? Por um método chamado criatividade. Reconheçamos que todo direito tem o seu avesso e que eles são diametralmente opostos. Se conseguirmos relacionar com o direito do complexo, relacionaremos também com seu avesso. Essa é a melhor forma de integração que precisa ser compreendida em nossos relacionamentos.

Se somos inseguros, será na vivência da segurança, através da criatividade, que desvendaremos a insegurança e aprenderemos com sua lição. Tudo que se manifesta, precisa de luz e sombra para ser percebido. Escolhamos com qual destas partes vamos nos relacionar, sem acreditar que a outra deixará de existir.

Na estrutura da psique, intermediária entre o espírito e a matéria, o ego precisa integrar, juntar de novo o que foi dividido para que ele na sua imaturidade, pudesse compreender. A evolução se dará na reintegração de cada uma dessas partes, não mais inconscientes, mas agora vivenciadas separadamente pelo ego, tornadas conscientes para integrar a individualidade. Essa é a história do princípio inteligente aos seres crísticos. Conheçamos o processo para facilitar seus caminhos e alcançar com êxito os seus fins.

Enquanto o ego alicerçar os seus valores no mundo exterior, estará sempre inseguro, dado que tudo é matéria perecível, e pelo seu ciclo de vida e morte, deixará de existir, e assim o ego tombará. É impossível ter uma estrutura interna forte, se ela estiver alicerçada nos valores do mundo exterior. Mas ainda estamos nesse patamar, na estatura evolutiva. O patamar do ego movido pelos elogios que o faz agir, e as críticas que o leva a inação, sendo que nenhuma delas são perenes e nem realidades, pois o ego relaciona-se com cada uma dessas perspectivas por seus próprios complexos internos.

Alicercemo-nos em valores internos de cada uma das verdades da estrutura divina que nos constituem, e dado o que somos é imortal, sempre estaremos seguros. Compreenda-se, pelos evangelhos, que toda semente semeada crescerá, onde o divino nos garante que, mesmo atendendo as exigências do mundo, jamais nos faltará cooperação, enquanto cocriadores, solo para o plantio das boas intenções. Mesmo servindo a César, é possível semear as sementes de Deus e Ele dará a elas o desenvolvimento.

É o homem que, estando no mundo sem deixar de ser do mundo, cultiva os seus valores de alma. Isso é possível e já nos exemplificou o Cristo. Ele que falava por parábolas em que cada um, pela estatura moral, compreendia o que estava de acordo com as suas percepções. Isso é cooperação. Não violentemos as consciências que ainda não estão prontas para as verdades que já se encontram em nós. O evangelho necessita de servidores cristãos e não de doutrinadores tiranos.

Razão e Intuição

Compreendendo o evangelho do Cristo, sob a amálgama do escurecimento de nossas mentes, ainda ignorantes, que não conseguem refleti-lo por inteiro e pela racionalidade, necessita dividir e excluir para compreender sob prismas únicos. A alma humana que se gaba por ser racional, perde por essa característica a oportunidade de integração e de ponderação que só a intuição vai no futuro proporcionar.

O homem que se orgulha da sua ciência racional compreende ainda pouco, dado o mecanismo da razão que sempre precisa excluir para significar, revelando que a racionalidade não será o sentido de compreensão para quando esse tornar-se angelical.

O sentido que precisamos alcançar para evoluirmos ao próximo nível chama-se intuição. Essa que diferente da racionalidade, pondera vários ângulos do mesmo prisma para descobrir a verdade que não está apenas no olhar por um sentido, mas na ponderação de todas as direções.

Na insipiente razão da qual somos providos, nos é dado por misericórdia divina, a instrução. Essa que consiste na aquisição de conhecimentos por meio dos livros e aparatos técnicos, diferenciando-se da educação, feita por exemplos que darão conhecimento e moralidade para o ser que a presencia.

Asas conduzirão o espírito até Deus, sendo necessário o equilíbrio entre elas para que o ser se eleve no seu voo. Uma borboleta com asas pequenas, voa. Uma borboleta com asas grandes, voa mais alto. Agora, uma borboleta com uma asa pequena e outra grande, apenas rastejará. As asas que nos levarão a Deus é o amor e a sabedoria, quando em equilíbrio.

Pessoa com muita instrução e pouco amor, constrói no nosso mundo, bomba atômica e joga sobre os seus semelhantes. Instrução sem amor é algo bastante perigoso, que deve ser evitado porque não traz elevação. Sabedoria sem amor é como o poste à beira da estrada que sinaliza o caminho certo, mas não tira a sede do viajante, e amor sem sabedoria é um poço que dessedenta, mas não ensina o caminho. Só é útil a instrução que nos leva à prática da bondade.

Conhecimento sem servir é tempo desperdiçado frente à evolução que nos aguarda. Através do amor, realizamos a nossa missão no mundo, e com sabedoria, evoluímos as nossas almas, mas um sem o outro não nos levará a lugar algum. A missão do homem na Terra é desenvolver aquilo para que fomos criados por Deus, encontrando o seu lugar de ação no mundo e que, fazendo isso, paralelamente pelo autoconhecimento, evoluirá em espírito. Qualquer atividade que esteja de acordo com a sua missão, unido com os propósitos da sua elevação, levará a criatura na ascensão da busca do seu criador.

Os acontecimentos da vida são bênçãos endereçadas por Deus a cada uma de suas criaturas. E se houvesse somente uma dessas atividades que não nos levasse a proposta de evolução da vida, Deus já teria tirado dos nossos caminhos. A vida é toda simbólica e cada um dos seus acontecimentos quando bem vividos traz-nos uma proposta educativa de instrução. Instruir-se é tomar os livros enquanto meios de captação magnética, deixando com que as palavras por sintonia nos levem à vida da criatura que está sendo expressa. E assim, o evangelho do Cristo só faz sentido se as palavras ali escritas sintonizarem o leitor à vida do Cristo.

Pensar e aprender é uma criação divina, que proporciona a sintonia entre quem pensa e estuda com o que é pensado e estudado, além da letra fria do livro, que se assim não for pensada, mata o espírito da mensagem. Estamos diante da polarização egóica do conhecimento. O ego quando inflacionado considera-se elemento de comparação, tudo o que ele enxerga de igual é melhor e, tudo que é diferente dele, é pior.

A alma humana perde a sua capacidade de síntese, em que um terceiro elemento necessita surgir entre a tese que expressa suas ideias e crenças, e a antítese que expressa as ideias e crenças alheias. O homem ensimesmado não vai adiante porque perde a capacidade de cooperar com o todo. A instrução que se inicia pelo conhecimento, mas não para por aí, é alicerçada pelos vanguardeiros do progresso. Os que já compreenderam e que estão a frente, refletem em nós seus entendimentos, e no processo de reflexão recíproca, eleva-nos rumo à verdade.

Todo o conhecimento da terra encontra-se no Cristo, demiurgo do planeta e somos, enquanto diamantes brutos, quem imperfeitamente reflete, necessitando de lapidação para que essa emissão tenha coerência com a fonte. Todo conhecimento é uma revelação. Algo que está embaixo de um véu e quando esse é retirado, vem a luz da consciência. Tudo já está na potencialidade do germe divino que habita em cada espírito.

Deus, espírito e matéria é a trindade universal geradora de tudo. O Criador, na individualização do princípio inteligente, criou a espírito, e como fruto da matéria, temos o fluido vital que se une ao espírito para a criação da vida orgânica. Esse princípio inteligente, individualizado em espírito, evolui quando suporta os acontecimentos da vida. E, suportar não é uma atitude passiva, mas o evitar da luta e da fuga, enquanto revolta e não aceitação, diante das missões que a vida nos traz.

Quem suporta, coloca frente a frente os elementos de sua consciência, oportunizando o nascimento do terceiro elemento transcendente que o levará ao alto. O suportar nos levará a ressignificar a raiva, transformando-a em coragem, e a tristeza, trazendo a introspecção, oportunizando aprendizado com as lições da vida.

O suportar ligado aos relacionamentos quando se refere à traição, não significa que temos que suportar o traidor, mas que devemos suportar a traição, fazendo com que ela, enquanto circunstância da vida, traga aprendizado, favorecendo conscientização e integração para que mais fortes, possamos decidir se romperemos a relação ou se continuaremos com ela. Romper ou continuar é algo que só faz sentido quando tiramos dela o aprendizado, pois a vida é uma educadora incansável, e o não aprendido será novamente repetido até que triunfemos na próxima avaliação.

Quando Jesus, inquire o endemoniado perguntando qual o seu nome e ele responde dizendo "meu nome é legião porque somos muitos", nesse ensinamento estava o Mestre dizendo que o mal nos desidentifica e que essa é uma característica de sua manifestação. Longe da essência do Criador, nossos vícios tornam personalidades que ficam atadas as nossas aparências, promovendo o afastamento de nossa origem divina.

Somente realiza o bem aquele que encontra no divino a sua própria identidade, começando de fato a evolução do seu processo moral. Em outra ocasião, quando o Cristo cura o endemoniado e esse pede para segui-lo, o Mestre diz não. Pede para que ele voltasse ao seu lar e fosse ter com os seus. Aqui, mais uma das peripécias de ensinamento superior do Cristo.

Voltar e dizer aos que convivem com ele, que foi curado pela misericórdia do Senhor é colocar-se diante do teste para provar a sua elevação diante daqueles que o conhecem, que interpelarão e avaliarão para demonstrar ou não a sua subida evolutiva. E assim, ensina-nos o Cristo que é no mundo que precisamos testemunhar a nossa fé, e não nos aproximando dele, enquanto fuga, dizendo que desejamos segui-lo. Religiosidade é a expressão do evangelho enquanto semeadura em cada ato do quotidiano.

Oriente e Ocidente

Reavivando conhecimentos adquiridos por ocasião da nossa criação, lembremos que o espírito não foi criado carente de conhecimento, mas ignorante, no sentido de que somente pode ser ignorante quem não conhece o que já tem. Toda expressão de conhecimento é uma revelação, ato de tirar o véu para enxergar o que já estava embaixo.

Compreendamos a diferença entre instrução e educação, sendo instrução o que vem de fora em termos de informação técnica e a educação, sendo o que vem de dentro, enquanto formação moral. Essa é a diferença entre o mundo oriental e o ocidental, onde o primeiro preocupa-se em trazer para fora, o que está dentro e o segundo em armazenar dentro, o que vem de fora. O primeiro é educado. O segundo é instruído.

Esses dois povos trazem formas de aprendizagens diferentes, resultantes do período do milênio de sombra, sofrido na Idade Média, em que as igrejas dominaram o poder e o conhecimento do mundo. Surgiu no oriente, o Islamismo com seus ideais simbólicos no sentido da mente intuitiva que necessitava compor para compreender o divino mais agregador, mesmo que deposto do norte da razão.

Já o homem do ocidente, sob as peias do catolicismo dominante, em que o conhecimento se tornou prisioneiro do sagrado, estimulou a mente racional que necessitava excluir para compreender. Por intermédio dessas polaridades de estímulos, criou-se o sectarismo e a dificuldade de uma cultura compreender a outra. Necessitamos do racional para não cair no fanatismo, mas também do intuitivo para compreender o sagrado.

Para a mente ocidental e racional, há dificuldade em compreender virtudes que agregam como fraternidade, generosidade e amor, pois o mecanismo da sua elaboração está diante da exclusão para a compreensão. Como compreender Deus com a mente racional? Impossível, nada dele podemos excluir sem descaracterizá-lo enquanto absoluto.

Fraternidade, a união de todos. Como ensinar esse conceito a uma mente racional que necessita excluir para compreender? Assim, a generosidade e o amor. Se deles tirarmos algo para suas compreensões já não teremos mais a virtude por excelência. Dificuldade também encontraremos para tirar o fanatismo do mundo oriental dado que só compreendem o conjunto e, para explicarmos os conceitos que nos levarão a enxergar a polarização, necessitamos comparar com a outra polaridade.

É chegado o tempo da união entre esses dois mundos, em que não podemos dizer que há um melhor que o outro, mas podemos afirmar que essas duas formas de compreensão da vida são complementares e necessitam fundir-se para haver em ambas, a possibilidade de ampliação de consciência, rumo à regeneração do planeta de provas e expiações onde vivemos.

Notemos que esses dois aprendizados feitos por estímulos diferentes, foi obra preciosa do Cristo para o desenvolvimento das duas polaridades que necessitam integrar-se, para os seus componentes saírem maiores. Para isso, cabe ao homem ocidental a compreensão dos símbolos, o que une, integra, em contraponto como "diabolôs", o que separa. Se não formos simbólicos continuaremos a ser diabólicos.

Ao olharmos para o mundo ocidental, enxergamos por ocasião desse estímulo de racionalidade que separa, as diferenças sociais, as desigualdades das riquezas e a disseminação do egoísmo. Para quem aprendeu a excluir para compreender, torna-se difícil conseguir, sem o processo de simbolização, aglutinar para tornar-se mais íntegro. É a humanidade que clama pela austeridade a união dos opostos, não para que um sobreponha o outro, mas para que os dois convivam em harmonia.

A compreensão dos símbolos, linguagem do inconsciente, através dos óculos da criatividade do sincronismo e dos sintomas, é necessário para que o ego possa ser esclarecido pelo self (Cristo interior). Abramos as portas para uma linguagem mais elaborada, a fim de que esse diálogo seja mais rico. A linguagem do inconsciente é o símbolo, o que une e integra para explicar.

Na evolução do instinto, as criaturas sob responsabilidade de uma mente superior, que as ajudavam no processo de sua evolução do princípio inteligente, posto que não tinham consciência, nem capacidade para assumir responsabilidades e nem méritos por seus acertos. Esse caminho, levou-nos a evolução e ao aparecimento da consciência e da capacidade de reflexão própria e exclusiva do ser hominal.

A partir de então, não mais seria ciceroneado por mentes responsáveis pela sua evolução, pois já adquiriram a capacidade de responder pelos seus erros e de receber pelos seus acertos. Surge a liberdade, o livre arbítrio que não é fazer aquilo que queremos, mas fazer aquilo que já temos capacidade para responder pelos seus fracassos.

Liberdade e responsabilidade sempre estão atreladas. Quando necessitamos de mais liberdade é preciso que ofereçamos, em contrapartida mais responsabilidade. Entender a evolução dos instintos, tão importantes num período de pré-consciência, onde estão plantadas as nossas raízes, é compreender que nossas bases vieram dos reinos da natureza: mineral, vegetal e animal.

Quando chegamos ao hominal, já querendo pular etapas para chegarmos ao angelical, nos perdemos ora nos processos depressivos, ora nas raias da loucura. É preciso ser humano, olhar para suas bases e enxergar o que o alicerça. Raízes advindas da capacidade do mineral em talhar cristais perfeitos, do vegetal em produzir a sua própria energia, e do animal em sobreviver e perpetuar a sua espécie.

Ganha o homem consciência e com ela a inteligência e é erroneamente tratado por um animal racional. Colocando-se cérebro em um animal com potencialidade de sobreviver e de perpetuar sua espécie, longe dos objetivos humanos, chegamos ao homem da atualidade que se perde na busca dos prazeres imediatos e de facilidade para sobreviver. Muitas vezes, infelizmente, não enxergamos mais que um animal com a potencialidade da inteligência para continuar fazendo o que o animal já fazia, mas agora, de uma forma mais potencializada pela razão.

Esse não é o ser humano da concepção de Deus, que necessita aportar para a sua existência, o sentido de vida, do amor, da virtude, dos valores e da sabedoria. A evolução dos instintos, fala da maturidade, que através da consciência são psiquificados, no sentido de tornar-se arquétipos, temas universais que esse homem precisa vivenciar para alcançar a angelitude.

Retornemos a sombra da Idade Média para recuperar a evolução de conhecimento que a humanidade gerou, mesmo sob as peias das religiões dominantes. Lembremos que para não ser morto nas fogueiras da inquisição, o homem necessitou de artifícios para continuar evoluindo. O movimento de transformação do chumbo em ouro nos processos alquímicos, escondia a ascensão do homem, da ignorância à maturidade. O chumbo representava o metal denso e de pouco valor, que unido aos outros metais perdia-se em dissolução, e o ouro enquanto metal áureo, precioso, incorruptível frente a ação do tempo, que não perdia a sua identidade quando misturados aos outros metais, podendo ser separado a qualquer momento porque tinha identidade.

O homem da Idade Média, apesar de escondido, continuou evoluindo. Recuperemos essa linguagem simbólica que não nos foi permitida no Ocidente, e só assim, conseguiremos lidar e dialogar com a sombra do inconsciente que guarda os nossos maiores tesouros no processo de transformação do chumbo em ouro, ou do ser ignorante para o espírito puro. Uma parte do incognoscível, do não conhecido, desloca-se do caos para a ordenação dos arquétipos, torna-se harmonia, pelos processos de psiquificação da consciência.

O primeiro processo seria a passagem do caos pelo fogo, conhecido como calcinação, pois seria preciso ordená-lo pela energia do fogo para a continuação do processo. Esse caos simbolizado pela pedra de cal, através da ação do fogo espoava (tornava-se pó), mostrando que para evoluir é necessário passar pelo fogo dos sofrimentos ou dos esforços conscientes. Necessário era que descêssemos ao interior da essência para buscarmos alma, sentido, ânimo, razão para seguir adiante. Só através do fogo que queima, a falta de ordem é que produziria a substância ordenável iniciada por esse pó.

Agora, o dissolvido sublimava, enquanto exposto ao segundo elemento que era o ar. O ar que demonstra energia potencial. Esse pó, segundo a manifestação do ar com a água (terceiro elemento) e por passar pelo fogo, guarda em sua essência, o calor que em contato com as emoções trazidas pela água, ferve tornando-se uma sopa viscosa que na busca de sua essência pela água, apodrece, na fase da putrefação.

Nessa fase é que o elemento de consciência chamado ego, necessita buscar nas profundezas desse caos, passado pela organização do fogo, do ar e da água, encontrar a sua alma, descobrindo-se nos elementos selvagens do instinto que alicerça as bases humanas. Decantar-se-ia com as características desses seres selvagens, enquanto raiva, violência e falta de moral, reconhecendo que essa é a sua essência, e que precisa de cada uma dessas forças para tomar impulso e lograr os patamares angelicais, posto que outras forças não lhe foram dadas.

São das profundezas da sombra quando não queremos mergulhar mais fundo, que a depressão e a loucura nos pegam, e a religião ignorante tira-nos dessa purificação, para através do embranquecimento artificial, colocar-nos na fase alva. Mas como o processo ainda não tinha encontrado alma, o homem religioso torna-se branco pelos códigos de condutas religiosos, formando-se artificialmente o homem de bem. Um bem sem alma e sem sentido, que não integra e será sempre salteado pela sombra ignorada.

A sombra inconsciente é processo que nos pega pelas costas e manifesta-se no mundo em oposição à vontade da consciência que ainda não a ordenou. Sombra é o desordenado em nós que se expressa, somos de vez em quando assaltados por ela. Descrevemos fora de nós, como algo que nos pegou e tirou a consciência, atribuindo a espíritos maléficos. São nossas potencialidades dormentes que não foram reconhecidas pelo ego, e nem por ele ordenada.

Esse homem religioso, é visto muitas vezes cometendo crimes, adultério, pedofilia, outras vezes na pornografia, assalto aos bens comunitários e sociais. Branco por fora, mas podre por dentro. Esse é o homem criado pelas religiões e criticado pelo Cristo. É preciso que se torne verdadeiramente puro, e os sintomas, as doenças, levarão sua mente ao mundo da sombra, onde somente a reflexão para o autoconhecimento, irá tirá-lo consciente de sua podridão e negritude.

Nasce daí toda a forma de racismo e a supremacia branca artificial em detrimento da sombra negra que não quer travar contato. Mas como a evolução é sóbria, há chegado o tempo em que, por sintomas ou esforço próprio da sua vontade, o homem mergulhará na sombra de seus infernos e aí encontrará o seu ouro, a sua alma. O sentido de vida, através da integração dos instintos, conferira-lhe a força para seguir adiante. Do medo, faz ele a precaução, da raiva, a perseverança, e esses instintos antes negros, agora tornam-se coloridos e o homem torna-se branco porque ele é agora a combinação de todas as cores, seu arco-íris de possibilidades.

Esse homem, verdadeiramente no estágio de consciência alva, emergido das profundezas coaguladas em algo concreto para que sua conquista não seja vã, não é mais a pedra de cal passada pelo fogo, pelo ar e pela água, agora torna-se terra. Em ação e concretude, torna-se novamente pedra, não a pedra lascada de cal, mas agora a pedra polida de um metal mais nobre. Enxergando suas potencialidades, essa alma agora sente que suas conquistas não são para si só, mas para o mundo que habita, e encontra-se esse homem em comunhão com o todo, através da descoberta do amor.

Esse é o processo simbólico alquímico escondido que precisamos recuperar para melhorar a comunicação entre o ego (personalidade) e o self (Cristo interior).

Mitos da Criação e Associação

Quando a receptividade toma conta de nossos corações, aprendemos com as experiências alheias, compondo pela tese de nossas crenças, o que for útil na antítese da emanação das crenças alheias. Assim, empoderamos o amadurecimento e a ampliação de nossas próprias consciências. Só pode evoluir aquele que encontra no outro, mesmo nas adversidades das polaridades, não uma forma de duelo, mas uma forma de complementar os seus conhecimentos.

Evoluir é ampliar consciência, e esse processo é possível quando tocamos os extremos das polaridades que vivenciamos. A evolução se dá na diversidade quando compreendemos que o diferente é preciso, que a igualdade massifica, deixando-nos sempre no mesmo lugar.

Conheçamos o caminhar dos nossos instintos rumo à evolução dos nossos arquétipos, tipo primordial, que serve de baliza para a organização do que precisamos manifestar no mundo. O homem é o ser que manifesta na terra as ideias do céu, tornando-se força dinâmica da natureza e seu próprio cocriador.

A organização das balizas dos arquétipos que nos levarão à plenitude, encontra-se no inconsciente, o espaço onde, por não conhecermos, julgamos sem ordem e caótico. É preciso compreender que o universo é todo cosmos com harmonia e sabedoria, e tudo que se manifesta tem o seu propósito realizador e nunca o caos dos acontecimentos do acaso.

Aprendamos a linguagem dos símbolos, pois o arquétipo é por eles formado. A linguagem do inconsciente é os símbolos que a consciência ainda imatura não consegue compreender, e assim, essas energias expressam-se sem o ordenamento do mundo manifestado e, muitas vezes, causam nele violências e prejuízos.

O que conhecemos, dominamos, mas o que não conhecemos nos domina. Assim é preciso a alfabetização na linguagem dos símbolos. A expressão dos arquétipos será vivenciada nos mitos, principalmente nos mitos da criação. Na criação de Tebas, contava-se o mito de que eram eles filhos do dente do dragão, e de posse dessa crença, não perdiam nenhuma de suas guerras e compuseram a civilização da Grécia, o apogeu do conhecimento da humanidade.

Por meio dos mitos compreendemos os símbolos. Da revelação e da explanação de quatro mitos fundadores de nações diferentes, encontramos a concordância entre eles, mesmo que nenhum desses povos tenham convivido na terra. Os mitos, enquanto expressão dos arquétipos, são símbolos universais de cada civilização, responsáveis pelo seu nascimento e apogeu. Poderemos através dessa alfabetização, fixar e absorver da essência, a energia da paz que nos levará mais rápido à plenitude de nossas almas.

No mito grego da Caverna de Platão, que esboça a humanidade acorrentada frente ao muro e por detrás dele, uma fogueira, onde homens com figuras passavam em frente. Essas imagens, através da luz do fogo, eram projetadas nas paredes frente à humanidade acorrentada, e aqueles, durante toda a sua existência acorrentados, só viam as sombras movimentarem-se na parede. O mais sábio entre eles, era quem melhor poderia compreender a sombra e suas sequências. Mas como o homem foi criado para sabedoria, um desses componentes inquietou-se com a repetição de sombras e ampliou sua mente no sentido de que no mundo, a existência não poderia ser só aquilo, e mexeu em sua inquietude, libertando-se das correntes, olhou por trás do muro, avistou a fogueira e os homens que manipulavam através das sombras. Não se aquietando, viu uma saída e descobriu estarem presos numa caverna.

Subiu até chegar ao exterior da caverna e enxergou lá fora as coisas iluminadas pela luz do sol, a expressão da verdade. Esse homem, agora com vistas da sua sabedoria, apieda-se daqueles que continuavam acorrentados sendo manipulados pelas sombras, retorna à caverna para despertar a consciência desses. Foi ele, de imediato rechaçado, mas não perdeu as suas esperanças e ainda continua entre os acorrentados na tentativa de mostrar-lhes a verdade.

Esse mito revela-nos vários símbolos. O mito contado há mais de dois milênios, mas que ainda se torna atual. O mito nos revela uma sociedade manipulada pela sombra de poucos, onde só lhes é mostrado o que pode mantê-los aprisionados, e o sábio, que encontrando a luz, enxerga a verdade, mas não é compreendido pelos outros.

A sociedade de acorrentados que ainda necessita ali permanecer, é outra face da expressão do mito e encontraremos os seus reflexos e as mesmas chaves de compreensão na civilização onde nasceu a tradição Budista. A sequência do boiadeiro, circunferências de doze figuras, demonstra a percepção do homem à evolução de sua alma.

O homem a exemplo do acorrentado, tomou consciência, percebeu por suas obras no mundo que seus rastros eram de um animal. As suas obras mergulhadas no egoísmo e na ignorância, motivadas ainda pela facilidade em busca de prazeres do corpo, percebe nessas obras, traços ainda de instintos animais e através, novamente de sua inquietação, coloca-se a conhecer esse animal que lhe conduz. Primeiro os seus rastros, depois os quartos traseiros revelaram as características secundárias mostrando sua vaidade e orgulho. Desvendando, chega até cabeça e descobre um boi, e essa cabeça significa a ele, o egoísmo, mãe de todos os vícios.

De frente para o boi, precisa controlá-lo. De posse de uma corda, amarra as suas pernas para tirar-lhes as bases, mostrando-nos que só pela mudança das crenças poderemos dominar o animal que nos conduz. Amarra a corda em seu pescoço e conduz o boi pela vontade, ainda com dificuldade, ainda com resistência, mas por sua perseverança consegue montá-lo e caminha sobre ele em paz, e o boi que antes ia para onde queria, agora é conduzido pelo homem.

Nessa chave da leitura onde o hominal provendo do animal, é em sua ignorância conduzido por ele, necessita ascender-se e montá-lo para que a razão, utilizando da força do animal, mas da direção do hominal, leve-o à ampliação da consciência humana.

Não podemos matar nosso eu animal. É ele a força que nos conduzirá, desde que guiado pela razão do homem. Símbolos semelhantes, encontramos em outros vários mitos onde nos revelam os centauros, cabeça de homem em corpo de cavalo, mostrando a sabedoria que colocou a força à sua disposição, sob a condução da sua consciência hominal. E o contrário, o Minotauro nos revela, cabeça de touro em corpo de homem, os instintos animais predominando e conduzindo os passos do homem. É preciso nos reconhecer enquanto Minotauro para chegar à evolução do centauro.

Esse homem, que agora domina seus instintos, reconhece uma unidade entre ele e o boi, descobrindo que os dois são únicos, e dessa união, reconhece-se como partícipe de todas as coisas do mundo e de consciência ampliada, reconhece Deus que o criou. E vendo o mundo pelos olhos de Deus, reconhece sua presença em todas as coisas. Novamente, a exemplo do primeiro mito, quem chega à sabedoria, sente necessidade de voltar para abrir os olhos daqueles que ainda não compreenderam, esse homem retorna para ajudar os outros.

Duas civilizações que jamais se encontraram com mitos semelhantes expressando seus arquétipos, revelando que esses são universais. Cada povo para chegar à sua evolução, nascido no oriente ou no ocidente, terá a organização dos seus símbolos semelhantes para a manifestação de seus conteúdos. O homem quando reconhece, mesmo sem conhecer o mito, sua emanação na natureza, tem a sua consciência voltada para ela e seu coração confortado. Esses mitos revividos nas tragédias gregas, nas obras imortais da escrita e encenações de sucesso, contam a história de nossa evolução e com isso encontra eco em nossa essência.

Outro mito bastante conhecido no ocidente, aquele que vivendo no seu mundo comum, encontra inquietação própria dos mitos da natureza humana, e recebe o chamado que vem da consciência para evoluir. De início, deseja ele, avesso às mudanças, continuar na sua vida comum e recusa o chamado, mas a consciência insistente da evolução é perseverante, e leva-o ao encontro com o mentor, aqueles que aparecem em nossas vidas cotidianas e mudam o rumo delas. Esse homem, agora consciente, aceita o chamado, e frente a aceitação da mudança, recebe os incentivos da vida e suas habilidades para suportar o momento da grande mudança.

A vida, diante da sua decisão, mune-o de tudo que necessita para triunfar sobre as dificuldades da mudança. Chega preparado frente a essa provação suprema, que agora exige dele, o que a vida lhe deu como ferramenta de triunfo. E esse homem, diante da suprema luta, compreende e aprende a utilizar essas ferramentas. Após a provação vem a recompensa, essa que não importa se a provação foi vencida ou não, pois o que interessa é o aprendizado que retirou da experiência. Frente a sua ampliação de consciência, volta-se para vivenciá-la em seu cotidiano. Agora modificado, precisa provar que o aprendizado da mudança engrandeceu suas potencialidades interiores, e concretizá-las no mundo, resolvendo os problemas de sua vida diária.

Após essa experiência, ele estará de posse do elixir da sabedoria, aquele que reúne todos os elementos da mudança, e agora realmente modifica a sua essência. Esse homem volta ao mundo não da mesma forma que saiu, mas engrandecido, e novamente os dias se passarão e a inércia tomará conta dele, mas a consciência lhe mandará um novo chamado. E assim, a evolução se dá aos ciclos, segundo as civilizações que marcham para a sabedoria através da vivência dos mitos, expressão dos arquétipos.

Olhando para as civilizações, descobriremos na alquimia o que julgávamos ser a transformação do metal chumbo em ouro, mas que na verdade era a transformação do homem chumbo, ignorante, num homem de ouro, sabedoria. Mergulha-o na consciência para conhecer as forças instintivas que o movia e, pelo conhecimento delas, descobre suas próprias potencialidades.

O homem que necessita andar sobre as pernas do animal, reconhecendo cada uma de suas habilidades instintivas, entra em contato com sua alma, agora na fase alva necessita purificá-la pela integração dos opostos. O animal que esboçava teimosia quando direcionado pela consciência, esboça agora perseverança e coragem.

A harmonização dos opostos, amplia nesse homem a sua consciência, passando para maturidade, reconhecendo-se com os animais que viviam nele. Surge nele o desejo de que todas as coisas sejam iluminadas pela luz do bem, tornando-se bem, feito aquele que leva todas as coisas em direção ao seu próprio destino. Esses exemplos, demonstram a unidade de nossa evolução, independente de civilização e cultura, o arquétipo mora em nós e o mito expressa-se em nossas vidas.

Compreendamos os ciclos de harmonia do universo, onde o ciclo de 24 horas do dia, dá-se pelo sol, que na manhã nasce e cresce até o seu apogeu do meio-dia, e depois declina até o entardecer, onde é envolvido pela noite e levado ao seu apogeu à meia-noite, mas que também se declina na madrugada, e de manhã, novamente nasce um novo dia. Não o mesmo dia! Um dia diferente, com novas oportunidades, que pelo fato de ter percorrido o ciclo anterior, nasce mais evoluído.

O dia, no ciclo da lua, formam-se os meses, em que a lua nova, crescente, cheia e minguante, após seus sete dias, o retorno da lua nova que novamente nasce mais evoluída, com o outro mês, posto que essa também já se engrandeceu no ciclo anterior, e o ciclo dos anos, que se manifesta na primavera, com seu altivo verão, declínio no outono, e recolhimento no inverno.

Poderíamos continuar falando aqui de infinitos ciclos. Um dentro do outro e de ciclos que não repetem, porque mesmo que voltem aos seus inícios são eles como espiral. Seguem sempre para cima, e o homem quando compreende que tudo a sua volta são ciclos, torna-se sábio ao utilizar de suas energias para conduzir seus objetivos.

E assim, o homem não segue mais em sofrimento, pois sabe as atividades que precisa fazer num ciclo de ascensão e de descendência, já que os ciclos são espirais que apontam para cima, alcança esse homem a plenitude de seus potenciais. É preciso aprender a viver e aprender que o sofrimento não precisa fazer parte de nossa evolução, basta harmonizarmos com o todo no fluxo da vida.

Ao olharmos para a manifestação das leis de Deus na vida, encontraremos suas estações divididas em ciclos. Se observarmos os propósitos de cada uma dessas etapas, adquiriremos a sabedoria necessária para expressar a nossa essência no mundo. Quando olhamos para os ciclos e seus propósitos vemos que, apesar deles se repetirem, nunca trilharemos pelo mesmo caminho.

Reflitamos que o homem nunca cruza o mesmo rio por mais de uma vez. A próxima vez que ele cruzar, as águas já não serão as mesmas, nem mesmo as células do seu corpo e seus pensamentos. Assim caminham os ciclos enquanto manifestação das leis da natureza para a construção do mundo e o seu progresso.

A natureza está sempre criando um novo berço para o nascimento de algo, e esse dará expressão aos seres da criação e a seus graus de maturidade. Em cada etapa do ciclo, a natureza espera algo de nós, um objetivo a ser cumprido. Para isso, é importante que participemos dele, não apenas por seu usufruto enquanto um predador, mas enquanto instrumento de construção do novo que nascerá.

O ciclo sempre começará em ampliação, o que chamamos de energia de renascimento, de flores, de infância, de juventude, de primavera. Passando para a sua etapa de ação, onde encontrará o seu auge, na expressão do fruto maduro. E precisamos refletir: qual é o fruto de cada espécie? O fruto da macieira é a maçã. Da mangueira, a manga. E qual é o fruto do ser humano? A bondade! Sempre que um ser humano se distancia da bondade, é chamado de desumano.

A bondade será sempre algo que une. Sempre que dermos frutos, no sentido de harmonizar o ambiente onde passamos, estaremos em nossa plenitude. Sempre que semearmos a discórdia ou o distanciamento, estaremos na sua contramão. É assim que se mede a maturidade e o verão humano, em sua capacidade plena de produzir o fruto da bondade.

Adiantando-se, chegamos à etapa de recolhimento. Tudo que chega ao seu maior patamar, só tem uma direção: recolher-se. É no recolhimento, onde fazemos uma síntese da ação, separando dela os entulhos dos fatos e dos acontecimentos e recolhendo a sua essência. Do passado só nos interessa a essência do conhecimento. Os fatos e os acontecimentos são entulhos que não devemos carregar.

Assim, na síntese da experiência, criaremos a semente, enquanto aquilo que traz às potencialidades latentes para a primavera de um novo ciclo. Chegaremos ao inverno, à contemplação, à fase da morte e do mistério. Onde a semente dessa experiência vivenciada nesse ciclo, será unida às sementes vivenciadas das experiências de todos os outros ciclos passados. E só aí, realmente, estaremos diante do eu invisível, que não se manifesta por meio de ciclo, pois já é de natureza espiritual.

Uma experiência completa seu ciclo para novamente iniciar outro, mas não de forma repetida. Agora, a semente foi potencializada por completar o último ciclo e, como uma espiral, concluiremos os demais ciclos e chegaremos ao ponto mais alto no cume da evolução, onde a unidade de todas as coisas se confundem. E aí estaremos nos braços de Deus. Os nossos destinos sempre estarão em nossas mãos, desde que saibamos gerenciar as estações de nossas vidas.

Evolução

O único acontecimento da vida do Cristo que se deu em torno de uma mesa foi para exemplificar, que convidados à mesa, somos todos iguais, e a nossas ponderações possuem o mesmo peso. Cristo expõe na última ceia aquele que iria traí-lo, mas ante o respeito, não o tece nenhuma reprovação. Diante dessa mesma mesa, comunica aos apóstolos o seu retorno à pátria espiritual, e divide os trabalhos em sua última orientação antes do desenlace do corpo carnal.

Fomos convidados a sentar-nos a mesa com a mesma liberdade concedida pelo Cristo aos doze de sua confiança. Saibamos convidar para nossa mesa, quem conta com a confiança e o conhecimento de nossas almas, mesmo que não sejam perfeitos, como não eram os apóstolos. Mas que cada um diante de seus pensamentos mais íntimos estavam imbuídos da obra do Cristo, mesmo aquele que o traiu, estava comprometido com o reino de Deus na terra.

Compreendamos nas diferenças de pensamentos e de crença, quando buscamos os mesmos propósitos somos irmanados por esses objetivos e já não seguimos sozinho, pois na mesma frequência segue quem acredita na mesma causa.

Durante toda a vivência do evangelho, Cristo jamais esboçou contenda contra nenhum dos apóstolos, apesar de terem pontos de vista diferentes, trabalhavam pela mesma proposta. Essa é a relação de uma equipe, unir-se diante de objetivos comuns, não de serem iguais em cada uma de suas ideias, mas naquilo que precisa uni-los, estarem coesos. É importante para o crescimento da equipe que pensemos de forma diferente para conseguirmos os mesmos fins. Isso é preciosidade.

Não é desejável igualdade, porque perderíamos os vários pontos de vista que poderiam nos levar mais adiante. Sobre o símbolo da mesa, falaremos da convivência. Essa que à primeira vista, faz-nos pensar erroneamente que para convivermos necessitamos ser iguais e gostarmos das mesmas coisas.

A convivência precisa ser compreendida num plano superior à sua realização. Para se ter boa convivência não necessitamos da união de iguais, mas da virtude que ancora o respeito e a fraternidade.

Acompanhemos a evolução do princípio inteligente desde os reinos minerais, onde inicia a sua individualização, compreendendo que já ali uniram-se por afinidade, não porque eram iguais, mas porque diante dos orquestradores espirituais, tinham proposta comum, referente à atuação naquele reino.

Avançando para o reino vegetal, vemos que as maiores árvores saem do conjunto de várias, e que uma sempre cresce mais alto para dar condições àquelas que vem seguindo, a ensinar-nos mais uma lição que na boa convivência quem está mais adiante é guarda de segurança e de benefícios para aqueles que vem atrás.

Já no reino animal, vemos as espécies reunirem-se em famílias e formarem os clãs, e esses as dinastias. Sem novamente buscarem igualdade, mas diante da concepção de respeito à hierarquia. Nota-se que essas dinastias são passageiras no tempo. Aquela que está no poder é suplantada por uma mais forte que vem debaixo, porque quanto mais força no poder, mais segurança para todos.

E assim, somos individualizados completamente no espírito humano, esse que ganha vontade e com ela, o livre arbítrio, a responsabilidade, o mérito e o demérito de suas escolhas. Esse ser humano agora livre, precisa perceber que sua essência individualizada é parte do todo. Ele que tem a essência divina, precisa encontrar a presença de Deus em todas as coisas e em todos os acontecimentos, principalmente em todos os seres.

Na convivência descobrimos que as diferenças não nos fazem rivais ou parte de outro clã, pois quando vemos diferenças, estamos olhando apenas para aparências. Na essência somos todos divinos. O fruto da convivência será harmonia ou conflito. O que diferencia é a forma de enxergarmos a concha, simbolizando nossas personalidades compostas pelos corpos físico, energético, emocional e mental, e dentro do seu âmago, a pérola, essência a representar a nossa alma. Toda pérola é valiosa e de mesma essência.

A boa convivência necessita responder a uma questão: você que convive está considerando a concha ou a pérola? Se for a concha, sempre procuraremos uma mais parecida com a nossa, já que jamais encontraremos uma igual. Mas o relacionamento de conchas é atrito e nos levará em curto período às desavenças, contando a concha que era semelhante à sua e apreciada pelos seus gostos, sofrem na depreciação do tempo as suas diferenças.

No exercício da elevação, vamos aprimorando os nossos gostos. Nem a concha que escolhemos para viver, porque gostávamos, serão as mesmas após a ação do tempo e nem mesmo os nossos gostos serão ainda iguais. Notamos a impossibilidade da convivência que considera apenas a concha da personalidade. Se não nos unirmos pela essência de nossa pérola, essa sim, incorruptível, e não alicerçarmos nossas âncoras na bondade, fruto do desenvolvimento de todas as virtudes, não teremos uma convivência harmônica, duradoura e fraterna.

Conta-nos Platão, no diálogo da águia prisioneira, que todos somos águias presas numa jaula. A jaula seria a personalidade e, a águia, nossa alma. Quando duas águias prisioneiras se relacionam, fazem através da jaula. Começamos o atrito, criticando a jaula alheia, como se fosse a outra pessoa, não percebendo que estamos criticando, num processo de injustiça, a jaula que tolhe a liberdade dela, como sendo ela, o próprio ser.

A maioria das nossas convivências, são de jaulas em atrito com jaulas, não percebendo que, em essência, somos todos águias que necessitam de liberdade, e só a convivência profunda nos dotará desse intento. Antes de esperarmos uma convivência harmônica com o outro, necessitamos descobrir que somos também jaula, mas que dentro existe a águia da liberdade. Só se reconhece fora o que se compreendeu dentro, se não, nem se busca, e quando vê, não reconhece. Fixemos na lei da natureza que nos alicerça, compreendendo que somente no ecossistema, união de diferentes, existe forma de vida com harmonia.

Parte dessa natureza, compreende que o ser humano precisa ter a cabeça no céu e os pés na terra. É ele cocriador e pontífice entre os dois planos da vida, físico e espiritual, o responsável por expressar as ideias do céu e realizá-las na terra. Esse é o papel que lhe compete na natureza, ser uma ponte entre céu (espiritual) e terra (soma, físico, energético). Sem ser humano não há harmonia entre céu e terra.

E esse ser humano dotado de psique, instrumento de pensamentos e emoções, precisa alinhar céu e terra, compreendendo que a felicidade plena só se dá quando fazemos o que a natureza espera de cada um de nós. Através do pensamento e das emoções, torna-se sensível às ideias do céu, mas não pode perder a rudeza da terra, para expressar-se nela. Assim, sensibilidade é diferente de susceptibilidade. A primeira demonstra empatia com as dores alheias, capacidade que nos leva a compreender o próximo em nossas convivências. Já a segunda, torna-nos vítima da situação, tirando a possibilidade da ação.

Frente a psique, formada por pensamento e emoções, na analogia do barco, compreendamos os pensamentos enquanto o leme, o racional, aquele que dá direção, e as emoções, como a vela, aquilo que dá tração, impulsão de ir adiante.

Todo pensamento para harmonizar-se necessita tocar a ideia do céu e manifestá-la na terra. Essa a finalidade do homem, e o bem, virtude que une harmonicamente céu e terra, necessita ser o propósito da sua existência. Tendo o homem livre arbítrio para pensar, não é a ele conveniente pensar qualquer coisa, pois assim estaria desligado da fonte eterna da criação pelo não cumprimento dos seus propósitos.

O homem escolhe pensamentos, mas é no laboratório da vida em convivência, que precisa testar se realmente esses pensamentos, unem céu e terra. Se quando vivenciando no mundo, suas ações produzirem harmonia e união, a escolha foi correta, mas se suas ações produzirem conflitos e desunião, a escolha foi errada, movida pelos condicionamentos de seus próprios interesses.

O homem, ainda desconectado de sua proposta, escolhe o que é melhor para si, o que está consonante com os seus gostos. Perde a noção de sua divindade, sempre que seus pensamentos forem condicionados aos seus desejos, estando apartados do céu e da proposta que o faz cocriador na terra. Torna-se fruto de desarmonia, foco de todos os seus vícios e enfermidades. Diante desses desequilíbrios, a melhor pergunta a fazer é: onde perdi a harmonia com as coisas do céu? Onde meus pensamentos foram movidos pelo interesse pessoal ou por críticas e elogios alheios?

É necessário, também que harmonizemos sentimentos e emoções, outra parte dessa psique, lembrando que eles são motivações para agir. Muitas vezes, o homem é dotado de um bom pensamento, mas falta-lhe o alinhamento das emoções, a motivação para agir.

É preciso definir educação, nesse contexto, como sendo o refinamento dos gostos. O objetivo da educação é ensinar o ser humano a gostar do que é o bem para todos. Muitas vezes questionamos alguém sobre algum trabalho e a resposta é: não é do meu gosto. Reflitamos que mesmo os nossos gostos mais densos, diante de sabores gustativos de comida, alteram-se com o tempo. Os pensamentos não nos definem, assim como também não podem nos definir, os nossos gostos.

É preciso aprender a gostar do que faz bem. Esse é o fruto da educação sincera e honesta. Pelas emoções, testamos nossas escolhas no grande laboratório da convivência, onde quem está ao meu lado é meu espelho. O ser humano não compreendeu ainda que, se sua imagem no espelho não é do seu gosto, não é culpa do espelho. Ele que precisa mudar, mas como não trazemos a responsabilidade para nós, temos o grande entrave da convivência: esperar que o outro mude.

Conviver entre diferentes precisa ser motivador. Compreendamos que o outro é um universo de verdades construído por experiências que ainda não trilhamos. E assim, o outro tem muito a ensinar.

Somos parte da essência divina do raio branco que passa por um prisma e formam várias cores, sendo essas, expressões de facetas da verdade. Cada uma de nossas experiências vivenciais nos dão um colorido, mas as outras cores da faceta da verdade estarão com quem convivemos. A proposta para crescermos jamais se distanciará de uma convivência harmoniosa, em que as verdades se complementarão, sem que ninguém seja dono dela.

O ser humano na terra vive em sistema de associação. Todo ser é um fulcro magnético em sua essência, que atrai os acontecimentos da vida e os seres de seu relacionamento. Na base da associação, união de pensamentos e sentimentos que encontram sintonia, ora vivemos e ora somos por eles vividos. No processo de sugestão, podemos impor os nossos pensamentos e sentimentos àqueles que convivem conosco, e se forem eles dispersos, nem notarão que essas ideias não lhes pertencem. É nesse processo que atua a promoção das imagens mentais, formas pensamento e sua criação que adquirem vida própria. São essas formas pensamento alimentadas pelas energias do seu criador. Em momentos que nos faltar energia, será preciso destruir essas formas para recuperá-la.

É na reciprocidade e ressonância que os pensamentos encontram sintonia nas mentes alheias e recomeçam a vibrar na mesma frequência. Aí temos o bem que pode multiplicar-se, ou também o mal que pode fazer-se grande. Seríamos um diapasão de consciências e pensamentos alheios se não possuíssemos vontade, mas para fazer o exercício dela é preciso presença. Estar vigilante, tendo certeza de que não somos os nossos pensamentos. Somos em essência, a consciência que vai perceber esses pensamentos e ressignificá-los, conforme a sua vontade. O ser humano só será fruto do meio se a sua vontade não atuar.

Nossos reflexos produzem emoções, essas produzem pensamentos e esses concretizam nossas ações e atitudes que retroalimentam os nossos reflexos. A compreensão dessa maquinaria dá a cada um dos seres humanos, liberdade de serem eles próprios.

Todo reflexo pode ser condicionado e vemos isso na experiência do cão, quando apresentada a ração, ele saliva. Quando toca um sino, o cão permanece inerte. Ao associar a ração com o soar do sino, o cão já saliva, sem dar-lhe ração. Mostra-nos que, já no animal, mesmo não dotado de razão, há condicionantes para expressão do estímulo, e quando esses fazem presentes, o estímulo se dá.

O processo educacional é a grande escola de descondicionamentos dos reflexos passados. Trouxemos nossas cargas negativas de situações mal vividas, diluímos isso pelo alfabeto da educação, que na criação de novos condicionamentos, substituem a mágoa e a culpa dos antigos. É a bondade divina, entrelaçando gerações através das convivências, revelando-nos novas facetas da verdade que necessitaremos para ser espíritos evoluídos.

Aprendamos a ser os terapeutas dos nossos destinos. As ferramentas estão todas em nossas mãos. Percebamos que é o trabalho voluntário, a possibilidade de sermos seres humanos unindo céu e terra, sem interesse pessoal. É a oportunidade bendita de sermos esses pontífices e cocriadores, que pela disciplina, sugestionarão para o bem, nossas mentes e as que convivem conosco.

Entendimento e Vulnerabilidade

É necessário o conhecimento de nossos potenciais e a motivação para expressá-los, não basta apenas um potencial latente. Um potencial só se transforma em virtude pela força de vontade que busca o conhecimento e a proposta de sua aplicação para o bem de todos.

O egoísmo, junto à ignorância, embota vários potenciais que necessitariam estar à disposição da harmonia do mundo. Dizer que não temos recursos para ajudar o próximo, é cometer injustiça contra Deus. Ele já nos deu o potencial, cabe-nos a busca do conhecimento para sua boa expressão.

Vivemos em comunhão mental de pensamentos, segundo a lei de sintonia, sugestionamos e somos sugestionados pela corrente magnética que emanamos, a ponto de dizer quando nos relacionamos com uma pessoa, temos um canteiro de plantação em seu coração, pelo ato da sugestão. E como a semeadura é sempre livre, mas a colheita é obrigatória, nos relacionamentos, colheremos de cada uma das pessoas, o plantio que fizermos no coração delas. E assim, a dificuldade de compreensão quando terceiros nos descrevem alguém, o sujeito é diferente com cada uma das pessoas que se relacionam com ele, conforme aquilo que o interlocutor plantou.

Se você quer o melhor das outras pessoas, plante o melhor de si no coração delas. Como vida é relacionamento, precisamos conscientizar que somos os artífices, ora da harmonia e ora dos conflitos. É pelo entendimento enquanto ferramenta, que compreendemos o próximo. E não estamos dizendo concordar com ele.

Colheremos a harmonia quando o entendimento nos levar a um acordo e a sua síntese. A busca do caminho do bem, não é o ponto médio entre os extremos. O caminho do meio que harmoniza, é o ponto que está acima das duas propostas. É o ponto elevado onde é produzida uma terceira proposta no sentido da harmonização das duas anteriores.

Quando duas crianças brigam por um brinquedo, somente harmonizará o conflito um adulto que não esteja interessado no brinquedo. Esse é um ponto mais elevado. Essa é a terceira proposta que brota da síntese entre tese e antítese, que pertence não somente a uma parte, mas também as duas. Entrar em acordo não é renunciar aos seus pontos de vista, e nem fazer com que o outro desista das ideias dele. É a comunhão que gerará o terceiro elemento.

Compreendamos o entendimento, além da ferramenta de harmonia com os outros, também enquanto alicerce em nossa vida interior. É preciso criar harmonia interior por acordos e sínteses para termos algo para oferecer ao mundo. Isso se dá através do entendimento daquilo que a vida nos propõe a cada instante, com os princípios e as crenças que dão identidade ao nosso ser.

Entre as propostas da vida e os princípios do ser, é necessário estabelecer também um terceiro elemento. Esse que nos levará a um ponto mais elevado da trajetória, fazendo evoluir. O confronto entre nossos princípios, as convivências e os acontecimentos da vida, nos levará pelo entendimento, a esse ponto de elevação. É assim que se evolui, convivendo e refletindo.

Nossas ondas mentais vivem às voltas em circuito fechado. Isso quer dizer que nossos pensamentos e sentimentos podem determinar as nossas vidas, assim como também a vida em nossa volta pode influenciar o nosso destino. O ser humano sem a ferramenta e o alicerce do entendimento, fatalmente seria um joguete do meio.

A compreensão de que, em cada situação da vida, e em cada pessoa, encontraremos luz e sombra, traz-nos responsabilidades. Quando a praga toma uma lavoura, não ateamos fogo sobre a lavoura inteira. Fazemos o manejo delas. Não aplicamos essa mesma compreensão, a um ser humano que comete um crime. Aí ateamos fogo nele.

O ser humano, criado simples e ignorante, percorre a escala espírita iniciando pela ordem dos espíritos imperfeitos onde predomina a prática do mal. Sucede, após um conjunto de reencarnações, para ordem dos bons espíritos, onde só existe a prática do bem. Nessa ordem não precisa mais reencarnar para evoluir, culminando na ordem dos espíritos puros, aqueles que já refletem em seus atos a vontade do criador.

Observemos que os espíritos imperfeitos necessitam da reencarnação para evoluir, mas que os bons espíritos, apesar de ainda terem o que evoluir, não precisam mais reencarnar. Reflitamos no ponto de diferença, onde separa-se uma ordem da outra, e descobriremos qual a evolução que chegou à ordem dos imperfeitos, para não precisarem mais reencarnar enquanto ordem dos bons espíritos. A interseção entre essas duas ordens está na ampliação dos conhecimentos segundo as experiências alheias. Por definição, sábio é aquele que aprende com as experiências dos outros, e assim não precisa mais sofrê-las em sua existência. Esse deve ser o almejado por cada um dos reencarnados na terra, mundo de provas e expiações, ainda classificados na ordem dos imperfeitos, e descobriremos que só através da compreensão das diferenças alheias é que passaremos para a ordem dos bons espíritos.

Necessário se faz conviver com buscas a compreensão, para alcançar mais esse degrau na escala evolutiva. O elemento desafiador na convivência será sempre a comunicação, e quando falamos dela é preciso que se diga que 80% das comunicações em nossas convivências não são verbais. Elas acontecem por atos de percepções, e outras vezes através do silêncio daquilo que não foi dito.

O objetivo da comunicação na convivência é compreender e ser compreendido. Não há dialética que não passe pela compreensão dos elementos comunicantes. Essa é a maior dificuldade para ascensão dos espíritos da ordem dos imperfeitos. Nossas comunicações buscam encontrar coisas onde não se perdeu.

Esse é o nosso objetivo ilusório no processo da comunicação: Nós procuramos no outro aquilo que ele não pode oferecer. Não se diz aqui, que compreender o outro é concordar com ele. Não, são coisas distintas. Através da compreensão ampliamos nosso ponto de vista segundo experiências não vividas por nós, mas experimentadas pelo outro. Aqui encontramos nosso ponto de apoio na evolução para a regeneração: evoluir pela compreensão da experiência alheia.

Evitemos na comunicação os conflitos, aonde a parte passiva se retrairá e não manifestará o melhor de suas experiências. O foco é na sabedoria, na busca da unidade, e não da concordância e nem da despersonificação, mas a ampliação de conhecimentos através da compreensão das experiências não vividas.

Há de se separar um ponto de vista de suas experiências. O ponto de vista é aquilo que o interlocutor acredita. Não é o mais importante. O mais importante é a compreensão das experiências que o levaram a crer daquela forma. Esse é o grande ensinamento e a maior busca. O juízo dos pontos de vista pouco nos interessa, se convergem ou divergem, mas sim a busca das experiências desse alicerce.

Está aí a percepção da busca, da importância de uma comunicação não violenta, quando compreendemos que o nosso interlocutor possa ser um adversário, mas nunca um inimigo, buscando harmonia na diversidade.

Os fatores de conflitos numa comunicação ditam alienante da vida, começam no juízo moral que fazemos a respeito das pessoas, não percebendo que imprimimos nelas, as necessidades pessoais de nossas almas e o seu vazio. Não percebemos ainda que o juízo que fazemos delas, dizem respeito às nossas carências e não a elas, tornando impossível uma comunicação assertiva, mas o encapsulamento do comunicante em sua bolha.

Muitas vezes, começamos a comunicação com críticas, perdendo a oportunidade do crescimento. As críticas falam muito mais de nós do que do elemento criticado. Na mesma direção, temos a alienação da comparação, na ilusão de que estamos falando algo sobre a pessoa. Toda comparação diz respeito ao meio onde a pessoa está inserida e não a ela. Num grupo de pessoas altas, o menor é baixo, mas esse mesmo, pode ser o alto, num grupo de pessoas baixas. A mesma pessoa, em dois momentos, um como baixa e o outro como alta, mas a pessoa não mudou.

Outra forma de comunicação alienante que não cumpre com seus objetivos é a negação de responsabilidades. O problema da nossa vida é sempre do outro. Dessa forma, "você me faz sentir tristeza". Não, isso não é verdade. O outro pode ser um gatilho, mas a causa estará sempre no significado que damos a esse estímulo. O correto é: "eu me sinto triste quando você faz tal coisa". A responsabilidade é nossa. Podemos até questionar: mas daí o outro não vai mudar nunca? Não vai mudar nunca mesmo! Só quando ele quiser e não por imposição nossa. Cabe a nós, sermos a mudança que esperamos na relação.

Outra forma que pode não cumprir com os objetivos da comunicação são os elogios, utilizados frequentemente para manipular as outras pessoas a fazerem o que desejamos. Quando elas fazem o que queremos, elogiamos e elas continuam fazendo. Quando elas não fazem, criticamos e elas param de fazer. São comunicações sem verdades centradas no desejo egocentrista que não leva à ampliação de conhecimentos. Utilizemos o elogio para comemorar a vida. Os elogios quando excessivos aprisionam, e o indivíduo sente-se abastado em sua posição, e não mais se coloca à disposição da transformação necessária.

No melhor entendimento dos contos de fadas de nossas crianças, onde a princesa beija o sapo, e por aceitar o sapo como era, transforma-se ele em príncipe, ensinando-nos através desse arquétipo, que a compreensão é a melhor maneira de tirar o que de melhor o outro possa nos oferecer. Ou se comunica bem e adquire sabedoria, ou comunica-se mal e cria conflito.

A criatura humana ao reencarnar na Terra, começa sua convivência com os outros através do berço. Na simbologia desse berço, cercado de grades, tem ela a proteção e o foco que necessita para cumprir com os objetivos de sua atual existência. Proteção no sentido de que aquele corpo físico, apesar de ser um cárcere, limita suas formas de fazer mal a si mesmo e aos outros. Muitas vezes, além da densidade do corpo físico, enquanto armadura, ainda são envoltas de limitações físicas e mentais. O cárcere do corpo físico que limita suas manifestações, intui e desperta através daquilo que ela pode fazer, a percepção do seu dever para cumprimento dos objetivos propostos para a reencarnação, comprometidos por ela.

O berço é ainda expressão genética e adaptativa. As ciências perdem-se ao não encontrarem o porquê da não manifestação de um gene presente no DNA. E nisso compreendemos, que o espírito reencarnante imprime na chapa fetal as suas características. A genética lhe dá condições, mas são suas características que darão expressão a essa genética. O homem que busca na matéria suas concepções finalísticas é obrigado a olhar para o céu. Esse espírito reencarnante, segundo o determinismo parcial de suas ações e ao livre arbítrio de sua vontade, talha o seu destino no mundo. Frente à orientação dos seus anjos de guarda, cria na vida, através do fulcro magnético de suas orientações, o laboratório capaz de fornecer-lhe o aprendizado que veio desenvolver.

Infelizmente, através dos desejos, muitos perdem-se em queixas e aflições frente aos prazeres da carne e ao falsear das necessidades supérfluas do corpo. Essas queixas são lições que seguem a alma no seu retorno à pátria espiritual. Com o magnetismo do berço que une pai, mãe e irmãos em família, os devedores agora darão os corpos aos seus credores, e pela boa convivência, baseada na comunicação assertiva, todos sairão melhores para as próximas existências.

O propósito da reencarnação não é reabilitar-se perante o passado, mas preparar-se para o desabrochar das potencialidades futuras. A vida não se assenta no princípio da causalidade. Ao olharmos para uma pessoa tetraplégica, não pensemos que ela é assim como castigo por mau uso das pernas no passado. Não, ela é assim porque esse é o melhor veículo para preparar-se para o futuro.

Compreendamos as manifestações da vida e seremos mais harmônicos e assertivos nas nossas comunicações, alcançando um grau de não mais necessidade da reencarnação para o sofrimento das experiências a fim de evoluirmos.

Envoltos nessa psicosfera divina da terra que nos acolhe, busquemos pelos conhecimentos produzidos, através de uma comunicação que se orienta pela inclusão de todos e harmonia do conjunto, o equilíbrio dos conflitos de nossas almas. Agora de consciências despertas, podemos buscar unidade, na comunicação não violenta, a fim de oferecer sabedoria na ampliação dos conhecimentos dos partícipes e trazer à tona o melhor da essência de cada um dos envolvidos.

Para uma boa colheita será necessário um bom plantio, com responsabilidade aos compromissos assumidos, buscando em cada convivência, a compreensão e a expansão dos nossos conhecimentos. Pela prática do bem, começaremos o aprendizado através das experiências alheias, percebendo que, quando em nossas caminhadas estivermos mais harmônicos e próximos daqueles que caminham conosco, estaremos subindo rumo à evolução que nos aguarda, mas se pelo contrário, fomos em nossas relações, elementos de desarmonia e separação, com certeza estaremos caindo de volta aos instintos da animalidade.

Servir é uma Honra

Servir é uma honra e precisamos compreender que a vida em sua sabedoria deixa vazios para que possam ser preenchidos pela ação da criatura humana. É como se nos oferecesse uma ferramenta didática para despertar motivação e autoconhecimento. Com o preenchimento dos vazios que a vida vai deixando, encontramos o verdadeiro significado e sentido de nossa evolução.

Diante desse quebra-cabeça com vários espaços propositais, convida-nos a vida para fazermos parte da sua ação, colocando na grande obra, nossas pegadas individuais, e assim compreenderemos que viver é servir, no sentido de preencher esses vazios.

Viver requer disciplina de serviço, convidando-nos a ser necessários. Tudo que não nos serve mais, que não tem serventia, jogamos no lixo para reciclar. Assim também pode ser compreendida a vida. Tudo que não aporta valor enquanto serventia, a vida deixa de investir em termos de bênçãos e aguarda a sua reciclagem nos umbrais da espiritualidade. Só tem sentido para vida aquele que serve. Aquele que com ela, constrói o pano de fundo do enredo do destino, e muitas vezes não há outro remédio para o enfermo a não ser o voluntariado.

Quando servimos, servimos para a vida e somos por ela abençoados. Vemos nos mitos da criação, nos arquétipos de nossas mentes, que viemos da unidade. Essa partiu-se em dois: essência e aparência, e da união de porções diferentes desses elementos, surge a criação.

Quando servimos, saciamos os nossos impulsos de encontrar no outro a unidade perdida. É o coração despedaçado da unidade que deu origem a cada uma das criaturas, e só preencheremos os nossos vazios quando, através do serviço juntar os pedaços do nosso coração.

Esse é o grande objetivo da vida, e por isso que é regida pela lei do amor, buscando complementaridade em todos os corações. Para estarmos hoje na condição humana, a vida já investiu muito em cada um de nós, e seria falta de caráter permanecermos como eternos devedores. A harmonia disso se dá pelo serviço à vida.

Enquanto transitamos pelos reinos minerais, vegetais e animais, nossa evolução era tutelada pelos cocriadores de Deus, onde a vida investia em nós e aguardava o desabrochar das potencialidades no futuro. O homem que ganha razão e livre arbítrio, agora é senhor de sua conta corrente com a natureza, essa que precisa buscar o sucesso de seus empreendimentos. Um empreendimento mal gerido seria fadado ao insucesso. A vida precisa fazer bons investimentos e nós precisamos devolver por bons serviços.

O homem, senhor de seu livre arbítrio, não recebe recursos se não tiver uma necessidade justa. Se quisermos as bênçãos da vida, é preciso antes nos comprometermos com uma proposta de serviço. Para que as bênçãos cheguem, é preciso criarmos necessidades e objetivos que abarquem os ideais da vida.

Preciso é que saibamos que o investimento traz a responsabilidade do serviço, e ao chegarmos a interrogar as nossas consciências, quão bom seria se escutássemos das pessoas que caminham conosco: graças a você, eu sou o que sou. E como nos machucaria chegarmos à resposta de: apesar de você, eu sou o que sou.

A primeira revela-nos serviço. A segunda demonstra-nos conflito. Conflito esse que, através do reflexo mental no seio familiar que magneticamente nos reúne por faixa de sintonia, forma o templo sagrado de purificação do espírito na família.

Na família é onde encontram-se credores e devedores para um acerto de contas através do serviço. A reencarnação que nos coloca em diferentes posições, ora como pai, ora como mãe, ora como filhos, permite-nos não a dissolução dos laços familiares quando da morte do corpo físico, mas a assimilação do conceito de fraternidade. Pouco importa se numa encarnação fomos filhos, assim como pouco importa se na outra fomos pais, construamos enquanto irmãos os valores de nossas verdades.

A hereditariedade que a genética científica não explica, colocando-nos diante dos conceitos da epigenética, onde se tem um gene que provocaria determinada condição, mas esse não se expressa, a mostrar-nos que são as características espirituais que dão manifestação a nossa carga genética.

É certo que precisamos de um mapa genético que permita a vivência das características que nos propusemos no planejamento reencarnatório, mas é sensível também o raciocínio de que esse mapa é despertado somente pelas condições que necessitamos para realizar o intento da proposta, e outras ficaram dormentes para não atrapalharem.

A hereditariedade, no exemplo de uma família de músicos, contendo essa expressão musical no código genético, coopera para que seus descendentes sigam os caminhos de aperfeiçoamento na música. Assim como acontece na música, também ocorre com nossos vícios para um desabrochar de nossas virtudes, podendo dizer que a família modela as características individuais de seus membros imortalidade adentro, seja para o bem ou para o mal.

Tomando nossas responsabilidades familiares como as mais importantes, teremos o amor mútuo e o perdão no lar, através do serviço e da paciência. Quando credores se encontram com devedores, é o momento propício para a conciliação, e somente através dela, apagaremos das memórias do destino, aquela falta que marca o nosso campo mental como ausência de vida e serviços. Aprendamos a ser mais eficazes diante dos investimentos da vida, entregando o melhor que se pode no prazo combinado.

Precisamos desvelar os paradigmas e os comportamentos para a evolução. Paradigmas são princípios atrelados aos objetivos da vida que interferem em todas as nossas escolhas, fazendo parte da base do nosso arbítrio. Se escolhemos uma alternativa e não outra, é pelos nossos princípios. Os comportamentos são manifestações externas, técnicas que nos levam a melhor desenvolver uma ação.

Mudanças de comportamento não nos transformam. Comportamento modifica a aparência, mas a única coisa que transforma essência, é mudança de princípios que dizem respeito ao caráter, através da maturação das crenças. Esse caráter só faz sentido se encontrar lastro nos princípios universais da vida. Não estamos demonizando os comportamentos. São eles importantes, caso tenham raízes nos paradigmas e lastros nos princípios universais da natureza, que primam pela busca da revelação da verdade pelos caminhos da justiça e da fraternidade.

Compreendamos que a grande diferença significativa entre o humano e o animal, é que no animal o estímulo produz a reação. Diferentemente acontece no homem, onde entre estímulo e reação, há o espaço do livre arbítrio. Assim, não é correto dizermos que o humano é fruto dos estímulos do meio. Humano desperto do seu livre arbítrio, escolhe a sua ação. Sem conhecimento disso, é fácil culpar o meio e os estímulos, agora precisamos assumir responsabilidades.

A evolução da dependência, passando pela independência para chegar à interdependência, vem pela vivência da criança, onde exercita-se o paradigma do "você", "preciso de você, mas quando as coisas não dão certo, também a culpa é sua". Precisa evoluir para a independência no paradigma do "eu", "eu farei isso", "eu sou responsável por isso", essa fase que é aguardada na maturidade do adulto. Já na interdependência, entramos no paradigma do "nós". Isso é buscado na velhice, onde tendo passado pelo processo da dependência, chegado à independência, agora com sabedoria para compartilhar com aqueles que estão à volta. Infelizmente o idoso na sociedade de hoje, não consegue ocupar esse papel, e a humanidade em sua evolução torna-se carente de pessoas interdependentes, que poderiam unir-se num processo de complementaridade de suas potencialidades, e produzirem muito mais.

Quando precisamos romper a barreira da dependência para a independência necessitamos de identidade, reconhecendo aquilo que somos e não aquilo que os estímulos do meio nos fazem. Utilizando o potencial humano do livre arbítrio, aquele que é proativo e não reativo, precisamos criar laços com a lição que a vida espera de cada um de nós, a de ser postos enriquecedores das suas bênçãos. As bênçãos da vida necessitam ser enriquecidas pelo nosso serviço, para que o processo tenha êxito.

Frente aos estímulos do meio que nos cobra, precisamos aprender a definir prioridades. É preciso que se diferencie o urgente do importante, e para cada uma dessas classificações, darmos um encaminhamento adequado. O que for importante e urgente, precisa ser feito agora. O que for importante, mas não urgente, precisa ter sua resolução agendada. O que não for importante, mas for urgente, precisa ser delegado para que outro faça. O que não for importante e nem urgente, precisa ser esquecido.

No estabelecimento dessas prioridades não seremos tragados pelas necessidades do mundo, e alcançaremos a vitória pessoal da independência, mas ainda não é o cume da maturidade. É preciso que se dê mais um passo para se chegar à interdependência. Olhando para a natureza no que diz respeito ao ecossistema, vemos que cada uma das partes é interdependente, possui a identidade da independência e soma-se em potencialidade ao sistema inteiro.

Reconheçamos a intenção de "vencer e vencer" em contraposição do "vencer e perder", onde só venço se você perder, e para eu vencer, você precisa perder. Ainda temos o "perder e perder", onde ninguém ganha. Mas pior que tudo isso, é o "perder e vencer", onde vou perder para que você possa vencer, não entrarei na discussão para não criar atrito. Desisto de vencer para você vencer. Esse é o comportamento que de forma nenhuma nos levará a evoluir. Criam-se vítimas e falsos vencedores.

No "vencer e vencer", só faz sentido a vitória se vencermos juntos. Isso é ir além da independência. Primeiro compreender para depois buscar ser compreendido, entendendo o ponto de vista das outras pessoas. Mas isso não basta, precisamos compreender o motivo que a leva pensar daquela forma. Isso é compreender. Olhar para as experiências dela e perceber como seu livre arbítrio interpretou esse estímulo para criar a ação desse ponto de vista. Nesse estágio poderemos evoluir com as experiências alheias.

Além disso, é preciso sinergia, onde a união entre duas pessoas independentes cria mais força do que a soma das forças dessas pessoas juntas. A isso só se chega na união de pessoas independentes. Assim conquistaremos nossa vitória de interdependência, o que a vida aguarda de cada um de nós. Mas sempre necessitaremos de renovação, revisitando cada um desses conceitos, não de forma cíclica, mas de forma espiralada. A forma cíclica faz com que passemos novamente nos mesmos lugares. Já a forma espiralada faz com que cada vez que retornarmos estejamos mais elevados.

Compreendamos que para a dinâmica da vida, mais importante que um produto é a capacidade produtiva. Recordemos de um conto infantil, "A Galinha dos Ovos de Ouro". Os ovos de ouro são produtos, mas a galinha é a capacidade produtiva. E nesse conto, o discípulo descontente com a galinha que botava apenas um ovo por dia, resolve abri-la para pegar todos os ovos de uma vez. Matou a sua capacidade produtiva.

É preciso que a cada momento invistamos não no produto, mas na capacidade produtiva. Problemas no produto é a oportunidade de rever as necessidades da capacidade produtiva. É preciso eficácia, mas para isso, precisamos de conhecimento.

Cabe um conceito chamado andragogia, a educação de adultos que não acontece da mesma forma que educação de crianças. Para educação de adultos precisamos de um "para quê?", onde a resposta precisa ser algo que motiva intrinsecamente a força que vem de dentro. Motivação é porta que só abre pelo lado de dentro. Diferentemente de pedagogia, que é educação de criança que tem mente aberta para o aprendizado. O adulto só aprende quando internamente motivado e quando há um paralelo entre aprendizado e como isso será colocado na prática de sua vida.

Saibamos recolher cada um de nossos ensinamentos para a prática do bem de todos, sendo instrumentos para consumação dos propósitos da vida que precisam confundir-se com os nossos próprios.

Num grupo de voluntários que servem ao Cristo, um objetivo maior precisa estar em mente. Ninguém pode estar servindo como se estivesse lá em cima superado os sofrimentos, e por misericórdia, descendo para ajudar as criaturas desvalidas. Esse não é o serviço que necessitamos, mas o serviço daquele que por sentir as mesmas dores daquele que chega em sofrimento, sabe o quanto dói, e consegue criar engajamento para seguirem juntos, não os seus conselhos pessoais, mas as palavras de vida eterna do evangelho do Cristo.

Não queiramos expressar a nossa autobiografia, há coisa muito melhor na expansão do serviço que é a biografia do Cristo. Sejamos uníssonos com os propósitos do alto que viemos servir, porque servir é da nossa natureza. Viemos servir porque sabemos o quanto dói, seguindo juntos sem perder a humanidade.

O conhecimento, unindo os dois planos da vida, ora se faz na pátria espiritual e ora na matéria. A prática do bem e a reencarnação são mecanismos impostos por Deus às suas criaturas como forma de chegar à perfeição.

No início da jornada, só a encarnação tirará seus filhos da ignorância. Quando compreendem o bem e o mal, esses já conseguirão ir adiante sem essa necessidade. Na presença desse mecanismo, a certeza que temos, é que seremos filhos. Algumas vezes seremos pais e mães, mas isso são escolhas. Certamente teremos pais e mestres que influenciarão nosso patrimônio espiritual, imprimindo na chapa cerebral todas as potencialidades e limitações do reencarnante.

Numa linguagem moderna, o que fazemos com o computador que está lento? A resposta é formatar. É assim que poderemos entender a entidade no plano espiritual. Fica tão travada que precisa formatar, precisa encaminhar para reencarnação. E através do esquecimento do passado começará novamente a concatenar as suas ideias em raciocínios lógicos produtivos.

Atraímos a genética que necessitamos. Somos seres magnéticos, e o lar é o influxo que nos atrai por simpatia. Na genética que necessitamos para cumprir as propostas da reencarnação, somos atraídos pelos nossos pais através de nossas características magnéticas. E assim, teremos o lar que necessitamos e a família que, pela atração magnética, talharão com ressonância, o patrimônio espiritual que trouxemos ao molde da matéria que necessitamos.

A fase da infância é onde molda-se o sistema nervoso, caráter e emoção, através da herança genética e psíquica. A criança, enquanto argila moldável, buscará perceber aquilo que é de sua afinidade, talhando seu sistema mental e suas aquisições psíquicas. Essa é a fase da vida humana onde se aprende com mais facilidade. Alguém que já buscou uma segunda profissão percebeu essa dificuldade, pois passando o período da infância, onde a pedagogia nos ensina, no período da maturidade, essa mesma pedagogia já não nos serve mais. Somente aprimora-se naquilo em que há motivação intrínseca, juntamente com relevância para o momento e utilidade para a sua prática imediata. Ao contrário, acontece com as crianças que estão na fase de ser moldadas, de construírem a armadura necessária para esconder algumas virtudes e despertar outras.

Não há evolução do espírito simples e ignorante, sem a passagem pelo berço, onde a genética e a psique dos seus genitores, cuidadores e mestres, talharão o molde para a reencarnação inteira.

Compreendamos a responsabilidade de não fazer de um filho ou de um educando, apenas um enfeite no coração. Os filhos não podem ser adornos em nossas vidas e nem ter a importância de mostrar para o mundo que nossa genética é superior. Não podem ser criados diante dos cuidados que impedem de intercambiar-se com a vida. Já compreendemos a necessidade da sujeira para criar imunidade. Mas não compreendemos ainda a necessidade de não solucionar problemas que já estão na capacidade deles, para desenvolver seres humanos aptos para dificuldades mais complexas. E assim, quando os problemas complexos chegam na vida deles, como não foram sensibilizados por problemas mais simples, tendo um paralelo com a imunidade, não criaram anticorpos para a solução. E o problema agora grande, torna-se um processo devastador.

Mesmo um problema pequeno agora superado, sem a argila moldável da infância, não mais causará com facilidade o desenvolvimento pretendido. E se faz a necessidade de ter consciência de que o período de aquisição intelectual na encarnação é bastante reduzido. E o mais importante a fazer aqui não é buscar conhecimentos intelectuais, isso fazemos com mais facilidade na pátria espiritual, mas a educação da vontade.

E agora lembremos que esse espírito reencarnou porque estava travado, precisando ser formatado. Ele estava travado, por quê? Por que lhe faltava conhecimento intelectual? Não, porque lhe faltava discernimento entre o bem e o mal. E a encarnação moldada pelos genitores e educadores, necessita cumprir com seu objetivo nesse aprendizado.

Quando uma criança diz, não gosto disso, se isso for o bem, cabe aos pais e aos educadores mudarem o gosto dela. Isso é claro, em relação ao bem e ao mal, naquilo que nos compete quanto à moral. O bom oleiro sabe que quando a argila seca não há nada mais a fazer. É preciso aprender a gostar do bem e a afastar-se do mal.

Reconhecer que nem sempre o bom é o bem. Bom é aquilo que é prazeroso. Bem é aquilo que está de acordo com a natureza divina do ser humano. Muitas vezes, o bom que hoje causa prazer, amanhã converte-se no mal. Mas o bem sempre será o bem, assim como o mal sempre será o mal. Mas não nos confundamos com o bom. A nossa dificuldade está em escolher o bem, ainda que o bem não seja prazeroso. Somos criaturas talhadas da amálgama do bem. Assim Deus criou-nos dando identidade no bem. Se tivesse nos talhado com a amálgama do mal, precisaríamos procurar o mal.

Nosso processo de educação será transformar qualquer gosto no gosto do bem. Gosto é coisa que se molda. Gosto do bem é contato com a identidade. Gosto do mal é o afastamento dela. A criança necessita dos conceitos daquilo que é da mesma essência do bem, enquanto fraternidade e justiça.

Não há espaço na responsabilidade de um educador, para caber amizade. Amigos são outras pessoas que os filhos escolherão. Não sejamos tudo para eles. Sejamos pais e educadores, sem faltar com nossa responsabilidade. É assim que evoluirão, tirando o espírito da apatia, formatando o árbitro e atualizando a razão.

Nossos filhos são espíritos imortais, necessitando ser guiados pelo caminho do bem. Deixe escolherem o seu caminho, desde que seja no bem. É preciso ter responsabilidade para com essa fase da infância, a reencarnação inteira dependerá dela.

As nossas crianças necessitam da coragem de serem imperfeitas. Nem crianças, nem adultos, nem espíritos são perfeitos. Apesar de sermos criados perfectíveis por Deus, com destino à perfeição, já é certo que jamais alcançaremos a perfeição absoluta.

Jesus já era espírito crístico há 4,5 bilhões de anos, quando criou o planeta Terra. Alguém acredita que 4,5 bilhões de anos depois Ele continua o mesmo? Não, evoluiu. E assim seremos cada um de nós.

Cobrar-se perfeição é anular o processo de evolução da vida. Numa sociedade que enxerga vulnerabilidade como fraqueza, é preciso revolução. Diante daquele que se põe a aprender algo novo, qual será o primeiro desafio? Não conhecer, enquanto vulnerabilidade. Só pode conhecer aquele que admite que não conhece. Só pode aprender aquele que admite que é vulnerável. Vulnerabilidade é coragem e não fraqueza. Vulnerável é aquele que se coloca em condição de crescer.

Essa mentalidade de perfeição, destrói o potencial dos reencarnados em desenvolver-se, criando narcisistas. Já que a alma humana é vulnerável por natureza, e esse é o seu processo evolutivo, mas a personalidade no mundo não pode ser, então, precisamos nos esconder para que não descubram que somos vulneráveis. É a mesma coisa que dizer, para que não descubram que somos humanos. Precisamos fantasiar, usar máscaras, e sempre estar atento para não se mostrar. E uma criatura que vive dessa forma, vive como? Estressada. Tem que tomar conta do pensamento para não ser o que é. Porque o que é, não é o suficiente para ter sucesso no mundo.

O aprendizado só se faz quando admitimos que não sabemos. O amor, só se faz se nos entregar ao risco de não ser amado pela outra pessoa. Já que não podemos ser vulneráveis, criamos uma máscara de fortes, sem nos expressar muito, com muito cuidado, para não descobrirem quem somos. Aquele que não pode ser vulnerável, também não pode expressar-se. E assim não participamos, não compartilhamos e apenas sobrevivemos. Voltamos à pátria espiritual, loucos e atormentados, como já éramos antes de chegar à reencarnação.

Ser extraordinário e ser comum não é uma escolha. Viemos nessa reencarnação para sermos comuns, porque numa boa escola, jamais existirão extraordinários, porque sempre ensinando o que não sabemos, então erraremos e isso não é perder a oportunidade de aprender.

Há muita humildade na ação de expressar-se através do fracasso. Quando não se alcança o sucesso, é porque comparamos uma personalidade com a outra e perdemos dela a individualidade que lhe é própria.

Ao mesmo tempo, falta capacidade de correr riscos. Ter certeza de que a vida é algo sob controle, não é viver, é querer ser Deus. Na vida sempre haverá desequilíbrio, porque é só através dele que há movimento. Desequilibrado, é assim que o mundo é de verdade. A ideia de que precisamos sempre estar equilibrados, seguros, fará perdermos oportunidades para ação.

Diante da escassez, acreditamos que a solução é o excesso. No extremo é cada um contra o outro. A solução para a escassez é a suficiência. Só o suficiente, aceita os recursos para aprender, e nunca o extraordinário.

A vida é tão grande em sua maestria pedagógica que nunca criará experiência sem proveito. Quem entende que os problemas da vida sempre serão mais complexos, compreende sua vulnerabilidade e oportunidade de melhorar.

Para construir o ideal, é preciso de uma base. Essa estrutura foi feita por outras pessoas. Não se desenvolve sem a ajuda dos outros. Não se desenvolve sem ser vulnerável. Conquistamos a condição humana e precisamos nos mover de acordo com ela.

Ser humano é ser frágil, é ser imperfeito. E não há nada de mau nisso. A partir desse reconhecimento, conseguiremos desenvolver habilidades. Contentemos em ser humano e demos graças a Deus por já sermos o que somos. Somos o suficiente para sair desse patamar e alcançar o próximo.

Coragem de Ser Imperfeito

O bem precisa ser para cada um daqueles que servem ao Cristo, não uma oportunidade de buscar o bom e o prazeroso, mas a única escolha, mesmo que traga prejuízo material. Façamos o bem, não porque ele nos traz o bom, mas porque somos da mesma natureza dele. Unidos à fonte, alimentamo-nos da diversidade que a vida traz, enquanto forma de aprendizado e aperfeiçoamento. Busquemos o bem enquanto fundamento para todos os nossos processos decisórios. Escolhendo entre o bom e o bem, busquemos sempre o bem, porque sabemos que será no futuro ele o advogado que nos defenderá diante do juiz de nossas próprias consciências.

O ser humano tem o pensamento formado em suas crenças e, por elas, expressa-se emocionalmente, em forma de sentimento. Antes de expressar uma emoção, no processo de ressonância magnética, captamos ideias no corpo mental, onde mora o pensamento. Nossas emoções e sentimentos são frutos de nossas crenças e de nossos pensamentos. E assim, entramos numa fase assertiva de que não dá para gerenciar emoções, porque elas vêm de nossos pensamentos, assim a opção mais correta é fazer a gestão do pensamento, aquele que é a nascente delas.

Nossas emoções expressam-se através de nossas crenças. Se cremos que a vida é difícil e que viemos na terra para sofrer, nossas emoções se expressarão em raiva, ansiedade e depressão. Mas se acreditamos que a vida é um cabedal de oportunidades que busca nosso aperfeiçoamento através do aprendizado, expressaremos alegria e motivação. Posso escolher entre o sofrimento, aquele que vai contra o fluxo da vida, e a felicidade, aquela que vai a favor, e assim não precisar mais sofrer, mas caminhar com resignação. Esse é o roteiro da alma humana, que inicia através do sofrimento, pois não percebeu ainda o fluxo inevitável da vida, que certamente levará a felicidade.

A maestria da vida, quanto a sua proposta educadora, sempre encontrará métodos e técnicas para cada um de nós aprender, mesmo que seja repetindo a lição, pois nenhuma ovelha do rebanho de Deus se perderá.

Diante da liberdade de pensamento e da facilidade de sua fruição na pátria espiritual, muitas vezes as ideias nos vêm de maneira tão rápida que não conseguimos concatenar e assim, vem o desequilíbrio emocional, e muitos tornam-se verdadeiros joguetes das ideias que vêm de fora e entregam-se ao descontrole e loucura. Não sendo mais capazes de operarem a potencialidade básica do livre arbítrio, perdem a capacidade de decidir com responsabilidade. Assim a única maneira de restaurar essa mente, é internando-a no corpo.

O corpo é sustentado pelo espírito, enquanto matriz composta pelo corpo mental e o perispírito que cria durante o processo da encarnação, o duplo etéreo, e esse talha as características orgânicas de nossos corpos físicos.

Aqui vai o exemplo do ímã: Quando posicionamos o ímã sobre uma folha de papel com limalha de ferro em cima, essa toma a forma do ímã que está em baixo. Assim é que são traçados os nossos corpos físicos, nossas células enquanto o exemplo da limalha, e nosso espírito, enquanto o ímã, vão compor os órgãos conforme suas necessidades e por sua vez o corpo.

A internação do espírito desequilibrado no corpo físico poderá recuperar harmonia, pois na maior densidade da matéria, os pensamentos percorrem os seus ânimos de uma forma mais lenta do que estando apenas no perispírito.

Esse corpo espiritual, tem no corpo material, uma forma de expurgar suas imperfeições através da densificação que a matéria lhe impõe. Rememora sua faculdade de concatenar ideias em raciocínio lógico e sua capacidade de arbitrar com responsabilidade.

É o peso da matéria que ajuda a promover o equilíbrio do espírito, retornando a ele o poder de escolher o seu destino. O esquecimento que esse corpo denso nos traz, por diminuir a velocidade de nossos pensamentos e desfazer o acesso às memórias pregressas, faz da terra, possibilidade de uma escola redentora.

Se lembrássemos de nossas experiências passadas, criaríamos uma jaula de feras onde, principalmente famílias se digladiariam, destruindo-se frente ao ódio e a mágoa que trouxeram do passado. Deus em sua misericórdia, concedeu-nos um caderno em branco para que pudéssemos fazer um novo recomeço e escrever a partir dali a nossa história.

Quando falamos em ação e reação, ou que aquilo que se colhe, é aquilo que se planta, não estamos levando em conta os atenuantes da justiça divina. Para essa, enquanto concepção espiritual, não são as causas do passado que irremediavelmente carrearão o futuro, pois entre passado e futuro há o único momento em que podemos atuar e mudar tudo, o presente. Por meio da ação desse, descobrimos que viver não é produzir causas para sermos castigados depois. O objetivo da vida é o aprendizado e o atenuante da justiça será sempre a capacidade daquele que cometeu o erro, no presente aprender. E se aprendermos, para que sofrer as consequências apenas como castigo. A vida não castiga, a vida educa, e se formos educados pela nossa própria vontade não precisaremos mais vivenciar as consequências que causamos no passado.

A leitura da lei de causa e efeito que pune, não é da doutrina dos espíritos. Se a justiça manda cobrar-nos sobre algo do passado e encontrar-nos aprendendo na senda do bem, manda a misericórdia que suspenda a cobrança. As causas são apenas um balizador para indicar aquilo que não se aprendeu ainda. Se no meio do caminho, no presente, o aprendizado vier, já não mais será necessária a lição das consequências. É a misericórdia da justiça de Deus, onde o amor sempre cobrirá uma multidão de pecados.

A grande dificuldade da criatura humana é dar-se a oportunidade de ser imperfeita. Deus concebeu o humano simples e ignorante, assim imperfeito, não foi com objetivo de castigá-lo depois pelos seus erros.

Deus de infinita bondade sabe que o imperfeito comete erros, e isso faz parte do seu aprendizado. Assumamos os nossos erros em todos os processos pelos quais passamos. Uns doentios, em processo da vergonha, e outros saudáveis, em processo da responsabilização.

A vergonha destrói nossa identidade, rebaixa nosso valor divino, conscientizando-nos de forma decisiva, de que não somos o suficiente para a vida. Aquele que é menos por vergonha não pode nada. Não pode mostrar-se como é, porque acredita que o outro não gostará do seu do jeito de ser. Por não se acreditar suficiente, tem vergonha. Esse é o sentimento que nos paralisa, que faz com que, ao voltarmos para a pátria espiritual, continuemos dormindo com medo de acordar e presenciar-se novamente insuficiente.

A responsabilização nos traz motivação para crescimento. Aquele que é responsável, reconhece seus erros sem perder o seu valor. Reconhece-se na estrada evolutiva, não se paralisa, colocando-se a buscar a solução. A responsabilização é o sentimento benéfico, algo que nos levará adiante, à correção de erros. Aprendemos quando constatamos o erro e nos colocamos a corrigir em aperfeiçoamento.

O suficiente será sempre medida para o nosso merecimento. Na vida só seremos suficientes quando dermos o melhor de nós. A vida é a educadora eficaz, que nos levará da ignorância rumo à perfeição. Essa não aceitará de nós a não ser o nosso melhor, pois não há forma de se evoluir sem ultrapassar os próprios limites.

Quando dermos o melhor de nós, ultrapassaremos nossos limites e a vida nos dará mais recursos em forma de merecimento para ir mais além. Caso contrário, ela ainda não nos deve recurso nenhum, pois nem conseguimos ainda usar com responsabilidade aquilo que já nos foi dado.

Essa é a verdadeira concepção de merecimento. Não há ninguém lá em cima dizendo que esse merece e aquele não merece. Mas o fato de que aquele que já aprendeu a usar todos os recursos que lhe foi confiado e ultrapassou seus limites. Agora será fiado pela vida para receber mais, para com isso ir adiante, na oportunidade que nos dá de sermos merecedores dos recursos que foram em nós investidos para a evolução de nossas almas.

A alfabetização emocional é necessária para a expressão correta do espírito. Somos seres linguísticos que se expressam através da palavra e a linguagem correta se faz necessária para disciplinar nossos pensamentos e ditar o caráter. Reconhecer uma vergonha, quando se diz, você é ruim, você é errado ou uma responsabilização, quando se diz, você fez algo ruim, você fez algo errado. No caso da vergonha: se sou, não posso mudar e precisarei me contentar com isso. Sou ruim mesmo, sou errado mesmo, não mereço ser amado nunca. Já na responsabilização: fiz errado, reconheço o meu valor espiritual, reconheço minha imperfeição, sei que o imperfeito, no seu processo de aprendizado, comete erros e estou motivado para corrigir e aprender cada vez mais. A responsabilização traz o arrependimento, alavanca propulsora do aprendizado e a reparação dos débitos.

Na sociedade em que vivemos, quando se nasce homem ou mulher, já se nasce com um roteiro expressando o seu papel social. O homem precisa ser poderoso e a mulher precisa ser educada. São diante desses rótulos que talhamos nossa infância e a criança extrovertida e criativa, enquanto menino ou menina, vai sendo podada, sendo talhada para caber naquilo que a sociedade espera dela. Meninos não choram, meninas precisam saber o seu lugar. Muitas vezes a confusão é tão grande que as mulheres dizem querer um homem atencioso e emotivo, mas no fundo, em seus relacionamentos, elas querem mesmo um homem que as proteja. Assim é o homem, cobra uma mulher recatada no trabalho, mas sexualizada no casamento. Difícil de compreender. E como não compreendemos, também fica difícil de ser.

Nessa dificuldade de compreensão, a criança é podada para caber na caixa do poder e sucesso social. Entra na adolescência sem educação e nem alfabetização, sem ressignificar as características da criança que foram podadas. Agora, na idade adulta já não faz mais sentido continuar com esses limites, não estamos mais sob o corte das tesouras de nossos pais. Somos seres responsáveis por nossas vidas e cabe-nos ressignificar nossas potencialidades e criatividade.

Os nossos relacionamentos serão superficiais, não se criando conexão, se não expressarmos a vulnerabilidade de nossa identidade. Só nos ama, verdadeiramente, aquele que conhece nossas limitações e as aceitam. Isso é conexão de alma, relacionamento sem máscara, tirar as armaduras e deixar que os espíritos se encontrem.

Vulnerabilidade e coragem são sinônimas. Coragem é assumir riscos. Não existe coragem se não houver riscos e não existem riscos se não houver vulnerabilidade. Através da compreensão de nossas vulnerabilidades é que poderemos ultrapassar os nossos limites.

Estar no ponto A, e querer chegar no ponto B, é entregar-se ao risco da ultrapassagem de limites. A evolução depende do risco. Arriscar, aceitar que somos vulneráveis, mas que se dermos o melhor de nós, seremos suficientes. A vida não nos pede que sejamos extraordinários. Aquele que está evoluindo sempre será suficiente, nunca extraordinário, pois a vida não perde tempo com lições fáceis. Ela é a mestra que nos levará sem demora, mas também sem correria a perfeição.

Precisamos expressar verdadeiramente o nosso ser para conhecer a posição onde nos encontramos no processo evolutivo. Para aquele que não sabe onde está, de nada adianta um plano para chegar em outro lugar. Esse plano sempre falhará, pois não se conhece de onde precisa partir. A nossa ação necessita expressar as nossas crenças e o que faço precisa demonstrar a minha fala. Quando isso não acontece, há um abismo entre as duas realidades e seremos, não o que pensamos ou dizemos, mas o que fazemos. O que fazemos definirá o nosso caráter e se ele não estiver atrelado com os nossos princípios, estaremos perdidos em algum ponto desconhecido da evolução.

Cultura é caráter, e estratégia é plano de ação. Qualquer plano que não estiver atrelado às crenças de nosso caráter, não terá energia para ir adiante, pois o fogo energético da vida brota de dentro de cada um de nós e alimenta fora. Os planos de ações de nossas vidas são paradigmas que precisam estar coesos com as estratégias. As crenças precisam concordar com o plano, para alimentá-lo e ter sucesso.

Na cultura organizacional, descobre-se que para o sucesso dos empreendimentos, não basta um plano de ação composto por metas e gerenciamento de riscos. É preciso conhecer a cultura da organização através de sua missão, visão e valores. O nosso caráter, assim como as crenças, é para nós a cultura de uma organização.

Quando os atos que são premiados e os que são punidos, não são aquilo que os seus líderes pregam. Nessa mentira, forma-se um abismo, que através da repetição de punição e premiações, criam hábitos. Os liderados para serem aceitos e premiados necessitam talhar uma personalidade diferente, tanto do seu caráter quanto da cultura organizacional da empresa.

Nessa sociedade confusa é preciso encontrar-nos para ser quem somos. Ganhando e perdendo, aprenderemos a progredir. Expressar a identidade é encontrar o seu local no quebra-cabeça da vida, sem precisar utilizar de violência ou ameaças para tornar-se centro de atenção. Cada um de nós veio com um local a ser ocupado no mundo, mesmo que sejamos tão diferentes.

Se assim estamos é porque a vida necessita de nossas diferenças e já preparou um lugar para nós. Expressemos no mundo dando o nosso melhor, com menor dano possível às pessoas que caminham conosco.

Não nos aforemos em grande velocidade, mas aguardemos o tempo de maturidade das consciências daqueles que caminham conosco e que vamos nos relacionar. Cada um de nós tem o seu espaço na vida, mas é preciso aguardar o tempo para ocupá-lo. Colher a fruta verde, é tirar dela a possibilidade de tornar-se doce e nutritiva. Sejamos integrantes da vida, agindo com menor dano possível ao destino que nos aguarda.

Consentindo que temos pais que, em suas limitações, deram-nos o melhor que puderam. Como também são espíritos imperfeitos, talvez tenham ficado abaixo de nossas expectativas, que algumas vezes foram muito altas e precisaram nos podar, porque queriam tornar-nos um sucesso para a sociedade. A liberdade que receberíamos seria de bom proveito, mas fomos todos formatados sem levar em conta nossa identidade e potencialidades necessárias ao adulto que tornaríamos.

Hoje, é nossa a responsabilidade de curar essa criança ferida, nós que somos senhores de nossas escolhas, escolhamos cuidar dessa criança e dar tudo o que lhe foi negado, não por maldade, mas por limitações de recursos e ignorância. Assumir e dizer a ela: hoje você é minha responsabilidade, vamos ressignificar o nosso passado, jogando os acontecimentos fora, ficaremos apenas com o aprendizado. Não nos interessa mais a triste história da nossa vida, contar como fomos podados na infância, mas recuperar a espontaneidade e a criatividade dessa criança que ficou para trás.

Analfabeto Funcional

Aquele que enxerga melhor, certamente terá maior alicerce para as suas decisões. Os encarnados ainda em planeta de provas e expiações, são parecidos a analfabetos funcionais espirituais. Não compreendem o encadeamento dos acontecimentos que vêm em forma de lições educativas. Não aprendeu ainda a dialogar com os locutores ocultos, por trás de cada um dos acontecimentos, organizando e harmonizando as lições que servirão como melhor metodologia de aprendizado para aquela alma que veio desenvolver-se.

Ao falarmos de analfabetos funcionais quanto à compreensão da vida, é preciso que se diga ainda que a grande maioria dos reencarnados são também analfabetos funcionais na convivência. Convivemos com pessoas que não conseguem fazer a leitura do ambiente onde encontram-se para portar a sua altura. Aqui não falamos daqueles que não sabem ler e escrever, mas daqueles que não conseguem interpretar ordens, ensinamentos e conceitos. Esses são os ignorantes, no sentido de ignorarem, não saberem. Não estamos para julgá-los, mas para conviver com cada um deles e ajudá-los nessa limitação.

Antes de esperar algo de alguém é da nossa responsabilidade, transmitir o conhecimento necessário para realização do ensejado, e além disso, é preciso avaliar se esse conhecimento foi pelo outro aprendido. Se não foi, repetir do mesmo modo que a vida faz com cada um de nós, através da funcional metodologia da repetição do ensino, até que se possa compreender. Aquele que dá ordem e cobra resultados, violenta a consciência do seu próximo, quando antes não oportuniza o aprendizado.

Somos nós, analfabetos funcionais e não há nada de errado nisso. É estágio de nossa evolução, mas é preciso que consigamos nos relacionar e que possamos nos entender. Para isso, muita paciência, empenho e caridade daquele que tem liderança diante do trabalho, da família e da vida. Compreende-se aquele que tem liderança, também com a responsabilidade de ensinar. Atentemos para os ensinamentos do Cristo diante de Pilatos. O governador do orbe, diante do governador da Judeia. Quando diz Pilatos a Jesus: "Eu tenho autoridade de salvar-te ou condenar-te"; disse o Cristo: "Só tens autoridade sobre mim porque essa foi a ti confiada pelo meu Pai que está no céu".

Compreendamos que toda a liderança e autoridade vem de Deus, que concede ao ser humano a oportunidade de levar um grupo adiante, e o líder precisa estar ciente de sua responsabilidade de decidir. Pilatos, naquele momento, tomou a pior decisão, que lhe custou grande período de desequilíbrio na pátria espiritual. Ao não decidir, Pilatos abdica da autoridade que lhe foi confiada por Deus, e coloca sob aquela multidão presente a responsabilidade que lhe cabia. Sofre no plano espiritual, o assédio de cada uma daquelas almas que por sua falta de coragem, transgrediram.

É preciso que a autoridade decida, não delegue a decisão a seus liderados. Não estamos diante de um processo de votação onde a maioria ganha, mas diante de alguém que recebeu autoridade de Deus para decidir. Também não cabe ao liderado questionar a decisão tomada pelo seu líder. Cabe a ele executar da melhor maneira possível. Se não concordar, deixar seu lugar na cadeia de comando para outro. Isso é hierarquia, algo que o analfabetismo funcional impede-nos de compreender. As lideranças se revezam para que aquele que no momento tiver a autoridade, imprimir as suas crenças naquele grupo. Isso é obedecer, não somente a autoridade da liderança, mas a vontade de Deus.

O analfabetismo funcional prega-nos mais peças ao não compreendermos as decisões de quem tem autoridade. Ao não saber interpretar, o ser humano muitas vezes é julgado por mau. É preciso substituir a palavra mau por aquela que lhe cabe, ignorante. Quem ignora, necessita de conhecimento antes que dele seja algo cobrado. Assim a vida faz com cada um de nós, jamais seremos cobrados por algo que a vida ainda não nos ensinou.

Sejamos nós assim também em cada uma das posições que ocupamos, ora na sociedade, no trabalho, na família e em nossas próprias vidas. Líderes em alguns casos e liderados em outros. Essa é mais uma das dificuldades do analfabetismo funcional, trocar de papéis segundo a situação que lhes apresentam. São líderes empresariais que chegam no lar impondo diretrizes, metas e cobrando objetivos não consistentes com seus papéis familiares.

Para adquirir conhecimento é necessário primeiro ser alfabetizado. A compreensão disso parece fácil, mas extremamente difícil de ser praticada. Os benfeitores da espiritualidade que nos orientam, muitas vezes não conseguem ser compreendidos. Mudam de metodologia, utilizam-se dos acontecimentos da vida e enfermidades no corpo, para tentarem ser entendidos. E nós, ainda acreditando que os acontecimentos de nossas vidas vieram do acaso. São as maneiras, e muitas vezes a única forma dos orientadores nos guiarem.

O ser humano que se considera tanto, ainda é incapaz de interpretar o recebimento de uma benção de Deus, e muitas vezes, os benfeitores querem, mas não conseguem ajudar os reencarnados, por não compreenderem suas orientações. As bênçãos não faltam na vida de cada um, mas falta a capacidade de recebê-las.

A liderança é uma motivadora da provação. Conhecer é sair de um estado de estabilidade e lançar-se a outro que se desconhece. Aprender é correr risco, e para isso é preciso reconhecer-se vulnerável. O movimento só ocorre quando há desequilíbrio. É a vontade de equilibrar-se que causa o movimento. O equilíbrio na evolução humana, será sempre uma busca inatingível, pois nunca pararemos de evoluir. O desequilíbrio buscando o equilíbrio é o que nos faz ir adiante. Ser equilibrado é desistir da vida e escolher morrer.

Outra dificuldade é tomar a agressividade por sinceridade, querendo impor ao outro o nosso modo de ser. Isso é identidade, a essência mais sagrada que existe na individualidade, algo que nenhum de nós, nem os anjos, nem mesmo Deus, pode atentar contra, mas o analfabetismo funcional, traz na sua prática o impor aos liderados a maneira de ser do líder. Líder tem que ter autoridade para dizer o que precisa, sem desidentificar pessoa alguma na maneira de fazer.

Reconheçamos nossas dificuldades no relacionamento quando nele insistimos em utilizar o instrumento da vergonha como forma de ação. Vergonha é dizer ao outro o que deve ser. Ninguém tem conhecimento para dizer a outra pessoa o que ela é. Esses rótulos só causam desconexão. Aquele que é envergonhado não responde mais com a verdade na presença daquele que o envergonhou. Perde-se a criatividade, cortando pela raiz a possibilidade de correr riscos, com medo de ser novamente envergonhado.

É preciso alinhamento entre aquilo que se pede e a forma com que se conduz. Na cultura onde vence apenas o mais forte, todos menos um, serão perdedores. A compreensão de que é possível ganharmos todos juntos ainda não foi alcançada pelo analfabeto funcional.

Utilizemo-nos da comunicação que não ofenda a identidade alheia. Comuniquemos fatos dizendo o que fazer, sempre tendo a responsabilidade de ensinar antes, verificar se a ordem foi compreendida e avaliar depois. Essa é a forma da criatura, num planeta de provas e expiações, conviver amistosamente. As guerras entre nós, são faltas de capacidade de interpretação e rompimento do diálogo.

Num agrupamento familiar, principalmente pais que idealizam o que esperam de seus filhos, é preciso a compreensão de que eles só buscarão o que esperamos, quando as nossas decisões forem também no caminho daquilo que buscamos para eles. O pai que deseja que seu filho seja um homem de bem, precisa desde já, inclinar-se ao bem. Pais saudáveis, filhos saudáveis. Nossos filhos, assim, serão não o reflexo do que dizemos, mas o esboço do que fazemos.

É preciso identificar o abismo que surge, no processo educacional, quando ensinamos uma coisa e agimos de forma diferente. Continuaremos criando analfabetos funcionais. Compreender a atitude daquele que se educa e liderar no sentido de criar resiliência, só funcionará num ambiente onde não houver superproteção.

Nossos filhos e liderados precisam assumir as responsabilidades que lhes cabem, não as nossas. Haverá responsabilidade sobre o bom e o mau serviço, desde que tenha sido orientado e ensinado. O detentor da autoridade precisa preparar os liderados para a solução dos seus próprios problemas. É responsabilidade do líder, autoridade concedida por Deus àqueles que possuem ascendência sobre um grupo, ensinar através do exemplo.

Nós que viemos de uma definição onde saúde é o completo bem-estar físico, mental e social, já aí nos desidentificamos, pois na vida jamais terá esse bem-estar. O completo bem-estar é estabilidade, e para evoluir precisamos do desequilíbrio, e assim caímos na medicalização de qualquer doença. Qualquer desconforto que se tenha é preciso um remédio para equilibrar, tornando-nos mais frágeis.

Somos frágeis porque não deixamos as nossas potencialidades reagir. Porque não suportamos o desconforto do sofrimento, da instabilidade. Saúde, no contexto de ser saudável, é ter aspirações realizadas. Ter saúde não é um objetivo da vida, mas um meio para ir adiante.

A evolução pode ser atrasada pela falta das fontes de propósitos, através do perfeccionismo e da desidentificação. Muitos ainda pensam que: "se eu não for o melhor, então não serei nada." Não! Faça o que pode, hoje. Amanhã se puder, aperfeiçoe, mas não deixe que a preguiça e a imperícia te mergulhem na inutilidade.

Perfeccionismo não é aperfeiçoamento e nem fazer o melhor. Perfeccionismo, entre os analfabetos funcionais, é fazer aquilo que o outro deseja para nos dar valor. Assim educamos nossos filhos e liderados para agradarem aos outros, perdendo suas próprias identidades. Já não são mais indivíduos, estão perdidos entre a massa.

Saúde precisa ser harmonia de alma, mesmo que o corpo esteja doente é possível ter saúde. Vemos os grandes missionários com corpos enfermos, mas nenhum prejuízo para a execução dos seus objetivos. É preciso dar-nos a chance de sermos vulneráveis. Essa é a característica do nosso ser, porque somos vulneráveis, é que através do desequilíbrio nos moveremos adiante na evolução. Na cultura que prega equilíbrio, estaremos todos sujeitos à inércia do repouso.

Enquanto formos motivados pelos aplausos e paralisados pelas críticas, estaremos fadados a um mundo onde a vergonha impera. Perdemos possibilidades de ir adiante, pois nos cobraram sempre equilíbrio e perfeição no processo de aperfeiçoamento, cerceados pelo temor da vergonha de falhar. Assim, desidentificados continuaremos a ser mortos vivos que na terra apenas sobrevivem e chegaremos dormindo na pátria espiritual.

Livremo-nos do ciclo vicioso onde a falta traz perturbação mental, e essa, a associação com outras mentes enfermiças e perturbadas, produzindo a desagregação celular que somatizam enfermidades em nossos corpos. Para quebrarmos esse ciclo, é necessário compreendermos que somente o bem é a cura. O bem que disciplina os nossos sentimentos e com eles, os nossos pensamentos na restauração do equilíbrio para interpretação correta dos acontecimentos da vida, em forma de metodologia para o aprendizado de todos.

Antifragilidade

As diretrizes do evangelho de Cristo vieram para consolidar os alicerces dos nossos passos. Textos já se tinham no velho testamento. Jesus veio para exemplificar com sua vida, com uma didática nova, já que os velhos métodos textuais não se faziam compreendidos. E assim Jesus escreve seu evangelho não nos papiros que o tempo destruiria, mas no coração dos homens, esse de condição imortal. De nada nos adiantaria um evangelho escrito por anjos, posto que não compreenderíamos a língua deles. O evangelho de Cristo precisava ser escrito por homens, para alcançar o grau evolutivo daqueles que se beneficiariam dele.

Assim os recursos, quanto à compreensão de cada um, foram sempre tomando melhores formas, e hoje já podemos compreender o ser humano além da sua capacidade de resiliência. Resilientes são as palmeiras que frente a força do vento, curvam-se para não quebrar, mas que passada a tempestade, volta a sua posição original. O homem é mais que uma palmeira, e assim mais que resiliente. O homem é antifrágil. Aquele que tem capacidade de beneficiar-se e aprender com o caos, assim como no nosso imaginário, contam os mitos a história das hidras, que quando tinha uma de suas cabeças cortadas, nasciam duas, e a Fênix que quando era destruída, renascia das cinzas cada vez mais forte. Essa é a natureza do ser humano enquanto um sistema complexo.

Lembrando o mito da espada de Dâmocles, em que o imperador colocou um de seus bajuladores para viver um dia de rei. Dâmocles! E esse sentado no trono, cercado de recursos e de mulheres, olha para cima e vê uma espada pendurada pelo fio da cauda de um equino sobre a sua cabeça. A partir daí, Dâmocles só conseguia olhar para a espada. E assim terminou o seu dia de rei sem desfrutar de coisa alguma.

A cada conquista material é pendurada sobre nossas cabeças a espada de Dâmocles, dado que toda conquista material possui o seu ciclo de nascimento, ascensão e morte, sujeita a imprevisibilidade da matéria. Essas conquistas não serão por nós usufruídas se não conseguirmos suportar sobre nossas cabeças essa espada, enquanto a possibilidade de a qualquer momento a perder e levar com ela a nossa vida.

Aquele que precisa viver na terra, necessita aprender a fortalecer--se diante do caos, acessando sua potencialidade frente à fragilidade natural da manifestação da alma humana, compreendendo que sem caos não há evolução.

Ao olharmos para alguém subindo uma escada, veremos esse, primeiro com os dois pés no mesmo degrau, equilibrado. Depois, quando um pé sobe para o degrau de cima, desequilibra-se até que o próximo pé chegue. Podemos aprender com isso que para subir, é preciso passar pelo desequilíbrio caótico, e para sedimentar o aprendizado, é preciso novamente equilibrar-se. Toda evolução se dá enquanto fruto do desequilíbrio. E nós, numa sociedade que nos cobra equilíbrio, precisamos viver sempre equilibrados. Isso não é verdade. Equilíbrio para um sistema complexo, como o ser humano, é não ter nenhuma força atuando sobre si. Equilíbrio para o ser humano é morte. Se nos foram dados os extremos, não é para sempre permanecermos no centro. Algumas situações da vida só se resolvem utilizando os recursos dos extremos.

O cavalo mais rápido numa corrida, quando colocado entre cavalos lentos tem grande chance de perder. Mas se colocado sob o desafio de cavalos rápidos, ele vencerá, porque é no desafio que colhemos nossas habilidades máximas. Necessitamos de fatores estressores para evoluir, mas nesses fatores é importante a sequência e a intensidade. Quando somos expostos a pequenas doses de caos, por um curto período, nossa alma e corpo aprendem a superar os limites aos quais foram expostos nessa experiência. Mas, quando somos expostos ao grande caos durante longo período, se não tivermos o treinamento da rotina do pequeno caos, sucumbiremos.

Esse é o mecanismo da vacina e dos medicamentos, que serve para o corpo, serve também para a alma, pois no universo as leis são as mesmas para todos os planos. Uma lei que funciona num plano, se for verdadeira, também poderá ser aplicada com êxito em outros planos.

Precisamos deixar que as pessoas se fortaleçam com os pequenos estressores, não tirando essa possibilidade delas, como se fosse obra de caridade. Cuidemos de nossos filhos e educandos, não tirando deles a responsabilidade de agir e assumir seus erros. São aí que seus corpos e suas almas se tornarão, através da potencialidade da antifragilidade, mais fortes e desenvolvidos.

Quando escutarmos que a geração atual de jovens está perdida, é preciso dizer que perdidos foram os pais dela. Ao contemplarmos o desequilíbrio, precisamos estar de olho na mudança que ele vai produzir na forma de equilibrar-se novamente. Esse é o ciclo saudável de exposição ao caos, que só se dá quando tivermos a possibilidade de nossos corpos experimentarem o desequilíbrio, e em vez de sermos turistas, decidirmos ser aventureiros.

A turistificação da vida, controlada e estabilizada, é a atitude do turista que vê e contempla a paisagem da janela do seu veículo, mas não interage com ela. A interação é característica dos aventureiros. E perguntamos: você busca uma vida de incertezas com certa dose de caos ou de controle e estabilidade? Queremos dizer: você na vida é aventureiro ou apenas um turista?

Consideramos que somente diante da fragilidade das partes, o sistema se tornará antifrágil. Ao olharmos para o corpo humano, vemos o coração tão frágil, o pulmão tão vulnerável e os rins mais ainda. Mas percebendo o ser humano, vemos a capacidade de superação de suas enfermidades e conflitos, além dos conhecimentos das ciências que só enxergam suas partes separadas. As partes frágeis do sistema, quando desequilibram promovem a organização do organismo todo, num patamar de melhor adaptação. Assim somos quanto às potencialidades de nossas almas, imperfeitos, mas competentes, aqueles que já conhecem suas limitações e seus pontos fortes, com competência e ânimo de melhorar e vencer suas fraquezas.

O ser humano precisa ser aquele que, diante da porta fechada da vida que não tem estabilidade e nem controle, diga a qualquer instante: "Seja o que for que saia por detrás daquela porta, darei sempre o meu melhor. Mesmo que aconteça o pior, darei sempre o meu melhor". Esse é o ser humano verdadeiro que, apesar da imprevisibilidade da vida, jamais teme, e sabe que dar o melhor de si, é tudo de melhor que se pode fazer.

Diante da vida, cometemos dois tipos de erros: os positivos, que nos fazem aprender e evoluir, e os negativos, que nos levam a outros, e a outros, sem intervalo de aprendizagem, através do efeito dominó. Jamais cobremos equilíbrio de um ser humano que evolui, sob risco de matar a sua própria identidade e motivação de ir adiante.

Quando viemos ao mundo trazemos habilidades de outras experiências, enquanto vocação que, gerida pela lei do trabalho, faz manifestar no mundo a nossa profissão, não apenas como emprego para prover a subsistência física, mas como manifestação da alma, também para desenvolvimento espiritual. Aqui nos deparamos com retribuições e abnegações.

A profissão que nos é retribuída por valores ou escambo é aquela que encaramos como dever humano, mas aquela praticada por abnegação sem retribuição nenhuma, precisa ser compreendida como sacrifício, no sentido de sacro ofício, ofício sagrado.

O trabalho enquanto lei, assim como o ser enquanto potencialidade, necessita ser manifestado na terra para tornar-se realidade. Isso se dá através da profissão, ora retributiva e ora abnegada. Compreendamos que onde haja interesse pessoal, por definição, aí ainda não há virtude.

Questionado aos espíritos da codificação: Se tirarmos do ser humano seus defeitos e seus vícios, esse será perfeito? Resposta: Não, faltará ainda a queda do interesse pessoal. Compreende-se que, sermos bons ou maus com as pessoas, não manifestam nossa perfeição. É preciso olhar para a honestidade da intenção por trás do ato, se há o interesse pessoal. Mas é correndo atrás do interesse pessoal que nos descobriremos e o autoconhecimento suprirá as nossas necessidades.

E não tem nenhum senso de crítica. Se fazemos o bem com interesse pessoal, continuemos fazendo, porque as pessoas que estão recebendo são beneficiadas. A prática do relacionamento com o trabalho voluntário, despertarão nossas boas intenções.

Não deixemos de fazer, por acreditar que não podemos fazê-lo de maneira perfeita. É melhor fazermos hoje o que dá, e através de nossas competências, ir amanhã aperfeiçoando. Compreendamos que o egoísmo que denota o interesse pessoal, é a raiz de todos os nossos vícios, e a última barreira a ser derrubada. Quando conseguirmos o exercício do desinteresse pessoal, ou seja, do interesse ao próximo sem segundas intenções, será o fim do orgulho e do egoísmo na terra, e a sua entrada nos mundos ditosos e felizes.

Volatilidade

Busquemos nos ensinamentos do Cristo, o consolo de nossas almas e nossas missões enquanto instrumento da sua vontade. Sejamos aquele que encontra nas limitações de suas habilidades, a coragem para ir adiante e a tranquilidade para aceitar a dificuldade daqueles que convivem conosco, buscando harmonizar os relacionamentos de nossas vidas.

Quando olhamos para a natureza, deparamos com a diversidade, mas quando vemos a sociedade criada pelo homem, encontramos as formas de limitações e generalizações em grupos homogêneos, não contemplando aqueles que possuem necessidades diferentes.

Nós que somos diversos, precisamos refletir sobre o mito da lenda de Procusto, esse que era dono da única pousada existente numa região erma. Seu estabelecimento tinha todas as camas do mesmo tamanho e só poderia hospedar-se ali aquele que fosse do mesmo comprimento da cama. Quando tivesse tamanho menor, teria que ser esticado. Quando tivesse tamanho maior, teria que ter as pernas cortadas.

Ao olhar para esse mito vemos a imbecilidade, mas precisamos refletir que tal lenda manifesta-se em nossas vidas. O Procusto a que nos condicionamos, é aquele que diz que é preciso tratar todos da mesma maneira. Alguns vão até mais longe, dizendo que estão praticando a justiça, e não compreendem que estão esticando e cortando pernas. Na diversidade que vivemos, cada um possui necessidades diferentes conforme suas aptidões, vivências e crenças. Justiça é suprir o necessário a cada um dos diferentes.

Outro leito de Procusto que enfrentamos diz respeito ao processo educacional. O currículo é o mesmo para todos, assim como a didática, não considerando que há aqueles mais cinestésicos, aqueles mais visuais, aqueles mais auditivos. A criança desde cedo já precisa esticar-se e cortar-se para caber num modelo de alfabetização. Na mesma leira surge a farmacologia, onde não interessa o tamanho da dor e muito menos as suas causas, a dosagem de todos os comprimidos da mesma cartela é igual.

Ao almejarmos posição de destaque na sociedade é preciso cabermos na moda do momento e na especificação dos valores que essa considera importante. A implicação dessa generalização descabida e simplista, é que quando generalizamos, simplificamos, tornando os riscos ocultos nesse processo de maquiagem artificial.

Na adversidade precisamos visualizar a volatilidade, a mudança de cada estado para um patamar mais evoluído, e que toda mudança traz com ela, riscos e desafios. Quando colocamos todos no mesmo molde, camuflamos esses riscos que não deixam de existir, mas agem às escondidas. Os perigos não deixam de existir quando viramos as costas para eles, mas o que acontece é que eles nos pegam pelas costas, sem dar oportunidade de defesa. Os riscos sempre existirão, são inerentes ao processo de desafio da mudança. É preciso então reconhecer e admiti-los para aprender a lidar com cada um deles.

Aqui vale o conto do peru que utilizamos nas nossas escolas espirituais para evangelização da infância: "O peru é bem alimentado durante o ano inteiro, e como vive na abastança considera o açougueiro como parceiro. Mas no dia de Ação de Graças, o peru é sacrificado. O peru que por ser bem tratado não conhecia esse risco, mas que apesar de não ser conhecido, existia, e por não lidar com ele, sucumbiu."

Assim é cada um de nós ao colocar-se na posição de empregado. Como somos remunerados a todo final de mês, como a gestão da empresa nos protege das várias intempéries do mercado, não visualizamos e nem lidamos com a possibilidade da perda do emprego. Mas um dia a voz severa do "você está demitido" derruba-nos as ilusões que criamos a respeito da segurança. Já o trabalhador autônomo que a cada dia precisa cuidar com riscos do seu empreendimento, conhece-os. Vive ele na realidade e assim é menos suscetível a grandes crises, porque aprendeu a ser flexível e a atuar em múltiplas potencialidades.

Quando vem a crise, o empregado sucumbe, mas o trabalhador autônomo encontra novas possibilidades para o seu triunfo. A realidade desses dois grupos faz do empregado muito frágil, aquele que quando cai, quebra-se, mas faz do trabalhador um antifrágil, aquele que quando cai, levanta-se ainda mais forte para empreender.

Consideremos que quando fugimos dos pequenos riscos nos colocamos na direção dos perigos maiores. São os pequenos riscos que nos dão musculatura física e moral para suportarmos os grandes. Quando tiramos a volatilidade de nossas vidas, os pequenos riscos tornam-se invisíveis e seremos lançados aos grandes, sem nenhuma forma de proteção e sem capacidade de reação.

Reflitamos a ação do intervencionismo na volatilidade e na diversidade da vida. Cada vez que interferimos aplacando essa variabilidade, escondemos os seus riscos e assim nos tornamos mais vulneráveis a cada um deles. A natureza que nos traz a dificuldade que podemos suportar, conta que sairemos dela mais fortes e a próxima dificuldade será mais complexa. Ao ignorarmos a primeira, arrisca-se sucumbir na segunda.

Sobre a confusão diante dos riscos que precisamos tomar para decidir e fazer as nossas escolhas: O que fazer quando duas alternativas de decisão possuir o mesmo risco e o mesmo benefício? Na grande maioria dos casos, paralisamo-nos, e aí precisa entrar a aleatoriedade para que a demora ao decidir não inviabilize as opções. Saibamos que no universo não existe acaso, nem mesmo na moeda que jogarmos, compreendendo que essa é uma forma de entrarmos em contato com a sabedoria do universo através da intuição. A moeda jogada para cima é cercada de um campo magnético. E esse campo magnético revelará sempre a vontade de nossos destinos quando a razão não puder decidir.

É preciso confiar no invisível, na supremacia e na inteligência do universo, enquanto providência para a vida de cada uma de suas criaturas. Mas numa sociedade onde a racionalidade impera, não sobra espaço para intuição e aleatoriedade que tiraria a confusão do sistema, e por morosidade de decisão perdemos boas opções. Aqui vale a história da mula: "Quando a mula está com muita sede e muita fome, se colocarmos a comida e a água na mesma distância, conta-se que ela morre de sede e de fome. É preciso incluirmos aleatoriedade nesse sistema, escolher se será a comida ou a água que será aproximada dela."

Volatilidade significa diversidade de experiências. Quando o intervencionismo a esconde, perdemos as informações dos riscos, e a alma humana que veio a reencarnação para aprender, tem sua experiência mutilada. A informação produzida pela diversidade da volatilidade, é a única maneira de chegarmos à estabilidade. Busquemos ampliar os conceitos de nossas mentes para não perder as possibilidades que cada experiência nos traz para preparar a aquisição da felicidade plena.

Quando olhamos para a sociedade vemos em seu significado o conceito da associação entre pessoas que se relacionam de forma ordenada, não sendo apenas um aglomerado. Nessa associação são os indivíduos seus elementos objetivos, aqueles que possuem concretude, e a sociedade, seu campo de subjetividade, onde esses elementos manifestam suas potencialidades.

Na sociedade encontramos, na diversidade das faculdades de seus membros, aquelas ainda não desabrochadas em nós, reconhecendo o outro como forma de motivação e oportunidade de realização. Essa sociedade foi criada num movimento evolutivo desde a época em que nos tornamos seres gregários. A grande massa que não se identificava, passou a forma narcísica de compreender-se, e assim identificamos a nossa própria identidade e a nossa beleza. Esse é o elo que motivou a mostrar-nos para o outro, e daí nasceu o relacionamento social.

Nós que viemos da massa, nos individualizamos, criando identidade para um movimento social que, infelizmente hoje, massifica-nos novamente, devolvendo-nos ao gregário do início do ciclo. A grande oportunidade de vivermos em sociedade, enquanto o conjunto de emoções e pensamentos alternativos, é ter nossa vivência orientada pela diversidade desse meio que nos acolhe.

Na sociedade plural enxergaremos aquilo que nela plasmarmos. Se estamos enxergando uma sociedade desorganizada, violenta e corrupta, é isso que estamos plasmando nela. A sociedade é composta de nossos pensamentos e emoções, assim ela se constrói, buscando harmonia entre os desiguais.

A sociedade é para cada um dos encarnados, o laboratório do entendimento. Entender o outro não é concordar com ele e nem tomar as suas ideias como nossas, mas percorrer o encadeamento de seus raciocínios, chegando à raiz de suas crenças, ao fulcro gerador de suas ideias. Assim, mesmo não concordando, enxergaremos por mais um ângulo de nosso prisma, ampliando os conhecimentos, sem termos que vivenciar a dor em nossa carne. Só a sociedade nos proporciona isso, enquanto laboratório da lei de causa e efeito.

Vivemos na sociedade ocupando cargos de decisões e decidimos de forma egóica, sem considerar o conteúdo do ser espiritual, retornando a mesma sociedade de outras existências, agora na forma de participantes, sofrendo os efeitos das mesmas leis que criamos.

É na sociedade que percebemos que o importante não é a vida que levamos, seja de limitações ou abastanças, mas como lidamos com cada uma dessas situações. Se encararmos com resignação, tiraremos o aprendizado, mas se encararmos com revolta, sucumbiremos diante da paralisação da oportunidade não aproveitada.

Enquanto obreiros de nossas caminhadas, é preciso o esforço de cada um na busca de sua própria felicidade. A evolução jamais será uma esteira rolante onde sentamos e os acontecimentos nos levam. Diante de uma escolha com duas alternativas, sempre teremos três opções, escolher uma ou outra, ou não escolher, e seremos responsáveis por cada uma delas. Quando não escolhemos, o destino segue através da não escolha, aquela que por não escolhermos nenhuma das outras duas, ficou valendo. Seremos sempre senhores de nossos destinos, seja pela ação ou pela passividade da não escolha.

Quando nos colocamos em marcha, consideremos que diante das dificuldades da vida, muitas vezes estaremos frente àquele que necessita de ajuda. Preciso é que a ajuda seja um suporte, mas que não tomemos para nós, aquilo que compete ao outro realizar, por um intervencionismo.

O intervencionismo é intromissão descabida perante as pequenas dificuldades, sejam de nossas vidas ou daqueles que seguem conosco. Sempre que houver intervenções frente às pequenas dificuldades, tiraremos a oportunidade conferida àquela alma de, pelas superações daquele obstáculo, conseguir fortaleza muscular e moral para empreendimentos mais robustos. Sempre que intervimos, tirando a oportunidade de crescimento do outro, estamos em movimento contrário ao natural da evolução. Na iatrogenia (iatro: médico, genia: origem), temos as intercorrências causadas pelas intervenções médicas excessivas ou desnecessárias. Valerá sempre a reflexão, se o efeito colateral do intervencionismo, não será maior do que o problema vivenciado.

O complexo dos corpos que compõem o ser humano possui a capacidade de regulação e equilíbrio. Ao olharmos para o corpo frágil que se quebra diante de várias experiências, não divisamos a fortaleza da alma, essa que foi talhada há milhões de anos e construída sobre as intempéries de uma natureza hostil. O espírito não é um cristal que se quebra, é diamante forjado na cadência dos milênios para nunca se desmanchar, e assim compreendendo, é preciso vivenciar sua antifragilidade. Frágil é o cristal que cai e quebra. Resistente é a palmeira que enverga a ação do vento sem quebrar-se, e quando o vento cessa, retorna à mesma posição de origem. Mas antifrágil que é o ser humano, vai além de não se quebrar à força dos desafios, aprendendo com a experiência e tornando-se mais capacitado.

Quando procrastinamos alguma coisa, poderá ser o tempo que nossos corpos precisavam para adquirir antifragilidade, enquanto ócio criativo e de equilíbrio. Para conhecer é preciso esforço, mas para aprender é preciso reflexão. Nós que vivemos correndo, que não temos tempo para o ócio, acreditamos que quanto mais corremos mais evoluímos. Não! É preciso a pausa para o equilíbrio e para a consumação do aprendizado.

Saibamos dividir nosso tempo entre trabalho e repouso. Muitos daqueles que correm, dirão que em sua vida não há tempo para o ócio, e nós diremos que é preciso ordenar nossos compromissos em prioridade, classificando aquilo urgente para ser feito agora, aquilo que é importante, para encontrarmos um intervalo para a sua realização, e aquilo que não é nem urgente, nem importante, para ser descartado.

O ócio é muito mais necessário do que não é nem urgente e nem importante. Precisamos de tranquilidade para percorrer o nosso caminho, entrando aí a maturidade de nossos gastos. Precisamos de equilíbrio entre aquilo que recebemos, enquanto bênçãos e recursos monetários, aprendendo a viver com isso. Não se pode gastar mais do que aquilo que se ganha. Aquele que ganha pouco e gasta mais do que ganha, quando ganhar muito, continuará gastando mais do que ganha. Falta-lhe maturidade, tanto financeira quanto emocional.

Quando se compreende a moral, a primeira lição é: "Quando gasto mais do que ganho, estou gastando recursos alheios que não me pertencem." As dívidas, diante das crises, sempre nos trarão maior desequilíbrio. Aquele que não deve, atravessa sem comprometer-se. Já aquele que deve, entra num torvelinho de desespero, e pelo desequilíbrio perde sua consciência. Aprendamos a viver com o pão nosso que será dado a cada dia.

Quando buscamos mais do que necessitamos, incorremos no supérfluo. É a busca de prosperidade na abastança que conflitua com as virtudes, e assim lembremos do filósofo Aristóteles que dizia "felicidade só é possível por posses materiais" e em contraponto, dizia Platão que "felicidade só é possível através da expressão de virtudes". E em terceira opinião, veio-nos a religião antiga a doutrinar que, "investir em Deus é garantir prosperidade na felicidade material", e até hoje, vemos nos templos religiosos, mesmo que inconscientemente, a noção de que "eu sirvo a Deus e Ele serve minha vida". Essa é a maior dificuldade quando se propõe a prática da caridade e ao desabrochar de uma religiosidade.

O velho testamento que antecede a vinda do Cristo planetário e o povo que o concebeu a partir do seu último profeta Malaquias, tiveram quatrocentos anos de silêncio espiritual, onde não se encontra nenhum profeta. Nesse período, imperou a dogmática rabínica e a consolidação de que aqueles que são pobres, aqueles que sofrem e aqueles que não possuem prosperidade, foram esquecidos e deserdados da paternidade divina.

Cristo, em sua obra memorável com nenhuma palavra escrita por ele, subiu ao monte e disse "Bem-aventurados os que choram", quebrando com toda uma construção da disciplina antiga. O grito das bem-aventuranças, inaugura para a humanidade um Deus que reconhece o imanente, o que pode ser conhecido, e o transcendente, o que só pode ser sentido. É o mundo manifestado e o mundo das ideias, da espiritualidade. Certificar de que seu reino não era desse mundo, e mais vale o homem sofrer e chorar na brevidade da sua reencarnação que na imortalidade da sua alma. Revoluciona o conceito de que o enriquecimento, se não for geral para proveito de todos, é apropriação indébita. O bem é o bom para todos. O mal é o bom somente para quem faz.

O importante não são as coisas, mas a intenção com que são aplicadas. Não são as experiências na riqueza ou na miséria que definirão a evolução que alcançaremos, mas vivenciar a riqueza com abnegação e a miséria com resignação. A riqueza é a prova mais difícil de ser superada, trazendo a prosperidade, enquanto abastança material, conduz-nos à responsabilidade da aplicação dos seus recursos. Quando ganhamos algo, recebemos com ele a responsabilidade da sua multiplicação para o enriquecimento em benefício de todos. Os recursos só se tornarão virtude legítima, quando se multiplicarem em serviço, cultura e amor para todos.

Suicídio e Dever

As oportunidades em nossas vidas não cessam, nem mesmo frente aos desequilíbrios que nos levam ao reconhecimento do erro cometido. Apartados dos compromissos imortais da alma, somos muitas vezes mergulhados e perdendo-se na sobrevivência e nos prazeres que o corpo material oferece. Compreendendo a necessidade da vida, o porquê da dor e seus propósitos, não mais culparemos o criador pelo sofrimento de nossa carne.

A Doutrina dos Espíritos, muito tem a contribuir para a temática do suicídio. Aqueles que desistiram da evolução por não suportarem os seus sofrimentos, lembram-nos que quando chegado os tempos, a loucura e o suicídio se multiplicariam na sociedade de maneira espantosa. A loucura, que na época da recepção da codificação espírita, continha todas as definições de transtornos mentais, sejam eles de depressão, ansiedade ou pânico. Uma questão para refletirmos: "será que são chegado os tempos?" Sim, não tempo de extermínio, mas tempos de renovação e transformação.

A regeneração bate às nossas portas aguardando resposta. E a condição para ingressarmos no mundo da regeneração não é ser aquele que amanhã se tornará melhor que hoje. Mas aquele que buscará amanhã melhorar. A Regeneração não nos cobra perfeição, mas atitude de aperfeiçoamento. Aquele que amanhã tentará e algumas vezes cairá. O problema jamais foi a respeito de quantas vezes caímos, mas do tempo que permanecemos no chão sem motivação de levantar.

Ao significar aquilo que nos indica a chegada dos tempos no comportamento do suicídio e da loucura, quando refletirmos sobre: "o que leva alguém ao suicídio ou à loucura?" Sempre depararemos com o sofrimento. Não é verdade que aqueles que buscam morrer, não querem mais viver. A verdade é que eles não querem mais sofrer.

Questionamentos tais como: "Por que preciso ficar num corpo de carne sofrendo, se a minha essência é imortal?" Essa resposta, para aquele que quer consolar, é importante que seja clara, e para que assim seja, precisamos conceituar que felicidade e sofrimento não são atos isolados, mas caminhos que escolhemos trilhar. O esforço para construir um caminho de felicidade é igual ao de construir um caminho de sofrimento, alteram-se apenas as escolhas.

Concebamos que nascer, morrer, adoecer e envelhecer são etapas da vida que a maioria de nós passaremos. Todos que virão para a terra, nascerão e morrerão, alguns também adoecerão e envelhecerão. Cada uma dessas nobres verdades, espalharão dor. A dor do nascimento, onde somos jogados para fora do útero, com temperatura regulada e sem necessidade de esforço de alimentação, para um ambiente externo e inóspito com temperaturas variadas, onde a primeira coisa a fazer é respirar. Pela primeira vez os pulmões do recém-nascido abrem-se, e a dor do choro é dilacerante. Nem vamos falar sobre a dor de morrer, sabemos que o desencarne constitui no rompimento energético das ligações célula a célula da alma que retornará à pátria espiritual.

A dor do adoecimento e do envelhecimento, onde a vitalidade vai se esvaindo e precisamos ressignificar os nossos objetivos de vida. E daí a pergunta por aqueles que buscam o suicídio é: "Para que essa tortura? Qual o objetivo disso tudo?" É preciso esclarecimento já que agora estamos cientes de que o processo reencarnatório está imerso na dor. Essa dor que não pode se confundir com sofrimento.

Sofrimento é uma interpretação do processo de dor. E essa pode ser frente à revolta ou à aceitação daquele que se coloca a aprender. E aqui precisamos tirar o véu da questão da doutrina dos espíritos, cujo enunciado é: "Qual a finalidade da encarnação?" A resposta é tudo o que alguém que tenta suicídio necessita para escolher uma outra opção. Na primeira parte da resposta, os espíritos superiores respondem: "Deus lhes impõe a encarnação com o objetivo de desfrutar a felicidade plena", Está Ele fazendo uma imposição, mas também especificando os benefícios dela. Ele que é o criador e inteligência suprema do universo. A nós, criaturas ainda simples e ignorantes, cabe questionar a vontade de Deus, como fazem os candidatos ao suicídio?

Não são as vicissitudes da carne quando do nascimento, morte, envelhecimento ou adoecimento, as dores que levam o candidato ao suicídio. É o sofrimento! São as interpretações enviesadas e desconexas que cada um deles faz a respeito da providência divina para o alcance da sua felicidade.

A reencarnação cumpre principalmente dois objetivos. O primeiro é a expiação. E isso diz respeito às dores já citadas nas nobres verdades anteriores. O segundo é missão. Cabe ao espírito desempenhar a obra reservada a ele na criação. Podemos dizer que a felicidade é sua herança no cumprimento dessa missão.

A crise leva-nos à evolução. Evoluir é transformar-se: Sair do velho local para um lugar novo. Como na vida tudo se encadeia, é preciso que o local antigo dê o combustível para chegarmos ao novo lugar, destruindo-se, no sentido de ser transformado. Aqui lembramos o

Cristo: "É preciso matar o homem velho para nascer o novo". Esse material de demolição será adubo para que a semente do novo tenha o impulso de crescer no lugar onde foi semeada, seguindo o processo evolutivo.

As bem-aventuranças do Cristo que promete consolo ao nosso choro, dizem respeito ao bem sofrer. Aquele que faz da dor um processo educativo, compreendendo a sua proposta de transformação. Aquele que bem sofre está mais próximo da providência divina.

Há muitos candidatos ao suicídio que questionam: "Já que tenho o livre arbítrio, por que não posso dar um fim à minha vida?" Reflitamos que o livre arbítrio não é licença para matar e nem para morrer, mas agir diante das possibilidades que a lei nos apresenta. Não é dado a nenhum espírito fazer aquilo que a lei proíbe. Para contrastar com o livre arbítrio, temos a lei da evolução que precisa estar em harmonia. Não há autorização e nem necessidade útil para abreviar uma experiência.

Para melhor compreensão da responsabilidade da vida, falaremos a respeito dos hábitos, enquanto aquilo que frequentemente fazemos. Rotina é a perpetuação do hábito. Na repetição, os hábitos tornam-se um automatismo. Nem é preciso mais raciocinar para fazer. Mas a evolução é transformação, assim como dissemos, a saída do local velho em direção ao lugar novo. Para isso é preciso matar a rotina e colocar-se ao nascimento do novo, que não se dará na forma de automatismo dos hábitos, mas no esforço de mudar e na racionalidade.

É assim que construímos as faces do novo degrau e necessitaremos agora de hábitos para que a semente prospere. Façamos um paralelo de que é pelo esforço, que conhecemos, mas só pela rotina da reflexão, que aprendemos. Os hábitos que necessitam morrer no degrau de baixo, precisa nascer novo no degrau de cima para que alicercemos nossa posição nessa nova estatura evolutiva. O hábito tem a sua etapa no processo evolutivo, desde que não se constitua em rotina esmagadora do porvir.

Ao divisarmos a vida espiritual, estamos olhando para o imanente e o transcendente, enquanto o que se pode conhecer, e o que só se pode sentir. Assim é essa vida espiritual quando nos encontramos aprisionados no corpo físico, considerando de forma errada que viemos para conquistar riquezas e poderes da matéria. Infelizmente, precisaremos nos desiludir no túmulo, onde estaremos de frente com o tempo perdido, se essas conquistas não forem convertidas em virtudes, valores e sabedoria para a vida imortal.

É preciso evoluir, mas acima disso, é preciso que se saiba qual a evolução que realmente interessa à alma imortal. Assim, Cristo que vem transformar o mundo velho, desmoronando hábitos antigos, traz-nos, na lição da manjedoura, requisitos para formularmos o hábito da simplicidade, e na missão da cruz, alicerces para consumarmos os hábitos da serenidade, constituindo esses no adubo para o crescimento da semente do homem regenerado.

O hábito da justiça quando se torna rotina, não olha para a misericórdia, e justiça sem misericórdia é vingança. Assim como a rotina da misericórdia não olha para a justiça, e misericórdia sem justiça é egoísmo.

Tudo se encadeia na natureza de forma harmônica. O princípio espiritual que vivia nos bandos dos animais, individualizou-se no ser humano através do hábito do narcisismo. Encontrou na inteligência, uma forma de reflexão: consciência para enxergar sua própria beleza.

Através desse processo narcísico, entendeu que necessitaria mostrar a sua beleza descoberta, para que o outro o apreciasse, nascendo o hábito da socialização. Aqui é importante a reflexão: daquilo que enxergávamos como o mal, surgiu o adubo para o crescimento do bem. Agora o homem não tem como rotina a perspectiva única do hábito do interesse pessoal, mas também a do interesse coletivo.

Aprendamos a não destruir aquilo que a natureza construiu, mas servir-se do processo evolutivo anterior, alicerce do novo que precisa nascer. Isso é transformar-se e evoluir. Lembremos das palavras do Cristo quando disse: "Não vim destruir a lei, mas dar prosseguimento".

O Cristo cura o paralítico de Bethesda, frente ao tanque de água, onde dizia a tradição que esse era encantado, que de tempos em tempos suas águas mexeriam na presença dos anjos que o primeiro que mergulhasse seria curado de todas as enfermidades. Chega o Cristo e pergunta para o paralítico porque não pulou ainda, e esse responde: "Porque aqueles que são mais rápidos e que caminham mergulham primeiro". E assim Jesus diz a ele: "Levanta-te e anda!"

Reconheçamos no ser humano a responsabilização do outro para que a bênção não chegue até ele. É preciso esforço para subir e hábitos para consolidar-se no local da subida.

Busquemos em Cristo e nas bênçãos do seu evangelho que nos motivam enquanto estradas para ir adiante, na compreensão de que a via já foi pavimentada por aqueles que caminham na nossa frente. Lembremos que é possível trilhar por caminhos pavimentados sem necessidade de abrir novas picadas quando nos posicionamos no caminho do bem. Mesmo as picadas que escolhermos nos levarão à evolução e aos braços de Deus, pois todos os caminhos levam a Ele, mesmo aqueles que entendemos hoje como errados.

O espírito criado simples e ignorante, começa a manifestar-se e as filosofias, com seus questionamentos para a construção de sua lógica, inquire se o momento da criação foi dado com o momento da manifestação.

Precisamos refletir os propósitos do divino. Deus é eterno, sempre existiu. A ciência data o nosso universo como tendo a criação em 15 bilhões de anos atrás. E já há uma questão filosófica: O que Deus fazia antes desses 15 bilhões de anos em que Ele criou o universo? Concebamos que passamos a existir quando começamos a nos manifestar no mundo e não no momento em que fomos criados. Só passa a existir, aquele que impressiona o mundo através de suas manifestações. A ciência não encontrará as respostas na narrativa de criação do universo, pois talvez esse universo atual não tenha sido o primeiro a ser criado. Percebamos que na natureza tudo pulsa. O nosso coração pulsa, assim como os movimentos planetários, as galáxias, o universo também pulsa.

A data da ciência de 15 bilhões de anos atrás, captou o último pulsar do coração de Deus que produziu o universo que hoje habitamos. O seu movimento de expansão é do coração que enche e depois esvaziará, voltando ao movimento inicial de criação. O coração de Deus para a formação do universo sempre pulsou e jamais deixará de fazê-lo.

Observar que tudo no universo trabalha em função de um dever, é compreender que a lei natural foi feita para encaminhar tudo para a perfeição. Os espíritos superiores nos esclarecem na doutrina que a lei de Deus está escrita na consciência de cada uma de suas criaturas.

Fomos criados porque o universo tinha uma carência e Deus nos criou para supri-la. Deus não nos fez ao acaso, Ele nos fez imortal e nos deu uma missão também imortal. Se fossemos criados por Ele sem missão nenhuma, o que seria de nós frente à imortalidade?

O Seu amor criou a cada um de nós a fim de suprir uma carência na harmonia do universo e as leis nos foram dadas para mostrar o caminho evolutivo que nos tiraria da ignorância e levaria à perfeição. Temos uma obrigação para com o todo, e outra de sujeitarmos a lei que nos levará à perfeição. Esse é o dever que nos compete.

Deus nos impõe a reencarnação para que o espírito chegue à felicidade plena através do aperfeiçoamento. O espírito tem o dever de ocupar o seu espaço na obra da criação e de sujeitar-se aos caminhos da lei. Sem disciplina, metodologia, didática e normas, não há aprendizado e nem desenvolvimento de faculdades. A lei foi criada não para punir-nos, mas para indicar o caminho. Como a lei faz parte de cada um de nós, é impossível esconder-se dela e de suas consequências.

Estamos na condição de alguém ainda sujeito a fazer justiça com as próprias mãos. É preciso refletir que justiça só a de Deus, através das leis que nos fazem parte. Saindo disso, é prática de vingança, e nós que muitas vezes já quisemos nos vingar, esquecemos de que ninguém corrige melhor do que as leis que nos compõem, e que ninguém bate tão duro quanto a vida, no sentido de educar aqueles que não seguem os rigores de sua lei.

A lei leva-nos da ignorância à felicidade, e no seu enquadramento já existe até as alternativas em que as nossas escolhas poderão nos levar. Fora dessas alternativas definidas pela lei, não podemos trilhar. Assim vai a reflexão a respeito do livre arbítrio humano que jamais será absoluto, mas sempre relativo. Pode a criatura consciente escolher, os roteiros alternativos que a lei faculta.

Aqui vai a reflexão: Livre arbítrio não é permissão para matar e nem para morrer, mas sim para escolher entre os roteiros que a lei proporciona. Não é verdade que o espírito pode escolher o caminho que quiser. Ele escolhe nas possibilidades já definidas pela lei. Fora da lei nada acontece. Isso é algo de difícil compreensão para os encarnados, pois na justiça do mundo, mesmo quando se tem uma sentença, os responsáveis ainda dela podem safar-se. Na vida espiritual, não! A lei está em nós. Não há como safar-se dela. Essa é a compreensão do dever e da obrigação. Estamos diante de uma lei que nos levará ao bem. Se escolher o mal, em alguma das rotas alternativas já previstas na lei, estaremos sujeitos aos rigores da sua aplicação.

A lei enquadra a todos. Primeiro é oferecida a justiça, onde sofremos os efeitos daquilo que causamos e depois a misericórdia, onde faremos no mundo o bem que ele necessita, compreendendo que o amor sempre cobrirá uma multidão de pecados. Esses são os mecanismos de consumação da sentença. Faculta-nos escolher, mas jamais seremos dispensados de cumpri-la.

Se a lei nos leva para o bem, sempre que escolhermos o mal, seremos responsabilizados, não por uma entidade que está lá fora, mas pela lei que existe na nossa consciência. Quando o espírito desperta sobre a reflexão de que só o bem lhe fará bem, infelizmente já sofreu muito. Sofreu não porque a lei puniu-lhe, mas porque escolheu caminhos que o distanciou da essência do bem.

Parece fácil compreender que só o bem faz bem, mas se olharmos para a realidade de nossas vidas, ainda tentaremos fazer o mal com intuito de levar vantagem e de não ser alcançado pela lei. Impossível, a lei faz parte da nossa consciência. Só seremos felizes quando cumprirmos a lei. Quando buscarmos o bem que é seu objetivo. Qualquer outro caminho nos levará à justiça da lei. Vivemos no mundo ainda achando que levaremos vantagem. Vantagem não é da lei. Só plantando o bem, colheremos o bem no outro. Na medida em que produzirmos, viveremos a nossa felicidade ou o nosso suplício.

Quando saímos da ignorância, a cada aprendizado somos colocados diante de um espaço de serviço moral, onde poderemos operar na faixa do bem que aquele conhecimento nos proporciona. E isso já se torna dever. O ser humano que pode fazer o bem, tem como dever fazê-lo, sob as circunstâncias das consequências da lei.

Sempre que aprendemos um pouco mais nessa região de atuação do bem, ampliam-se nossas responsabilidades e chegam-nos novos deveres. O conhecimento gera dever de realização do bem no campo da consciência que foi desperta. Assim a vida, através da aplicação da lei que faz parte de cada um de nós, exige que sejamos o melhor que podemos ser e sempre que nos desviarmos desse melhor, imperarão novamente as consequências da lei que nos rege. Não precisamos de um Deus lá fora que nos julga. Esse mecanismo já existe dentro de cada uma de suas criaturas. É através das escolhas que vamos fazendo diante das alternativas que a lei nos oportuniza, que traçamos nossos destinos.

No universo ordenado vige a lei. As partículas obedecem às leis atômicas. As constelações obedecem ao ordenamento da galáxia, e nós fomos criados para sustentar através da ação do bem, a ordem que vige nos cosmos.

Precisamos contemplar nossa essência com olhos de descobrimento. Com aquele olhar que encontra uma preciosidade, compreendendo que o nosso maior tesouro está dentro, na essência divina e em suas leis que nos levarão à felicidade plena.

Lei

É preciso a compreensão de que fomos criados simples e ignorantes, mas jamais entregues ao relento ou à falta de providências. A lei natural foi criada para levar o espírito da ignorância à perfeição da felicidade, indicando ao homem o que deve e o que não deve fazer para alcançar a plenitude de suas faculdades, e esse só é infeliz quando dela se afasta. Assim a lei torna-se um dever para a criatura humana, dado que só através dela, não há a possibilidade de falir.

Fomos criados para a felicidade, e essa não é uma escolha, é uma determinação, é uma imposição do Deus que nos amou, desde a nossa criação, e não há nada que possamos fazer para que Seu amor por cada um de nós se altere.

Podemos definir a lei enquanto caminho seguro, o programa que nos levará à felicidade plena. Como a lei foi escrita na consciência humana, dela não podemos alegar ignorância.

Não há forma de burlar a lei ou de viver sem o enquadramento dela. Seja no que nela pode, ou no que nela não pode. Já orientamos que, nosso livre arbítrio, não é permissão para matar, e muito menos para morrer. Mas não somos livres? Livres para escolher entre o que a lei determina e aquilo que ela não proíbe. Fora dessas possibilidades não há livre escolha. Não podemos sair pelo mundo cometendo crimes contra pessoas que não necessitam daquela experiência para evoluir. As leis da terra, podemos deixar de cumprir, mas as leis de Deus, nunca.

Aqui encontraremos o conceito ampliado de intenção e responsabilidade. Tem intenção, aquele que não faz o que a lei determina. Tem responsabilidade aquele que diante da imperícia comete desleixos, mesmo tentando acertar. O primeiro, comete o mal, aquele que tem intenção. O segundo, apesar de não intencionado, desequilibrou a harmonia do todo. Note-se que na lei terrena há a figura do dolo, aquele que além de responsabilizado, necessita ser punido. Essa figura não existe na lei de Deus.

Quando por intenção cometemos o mal, passamos por um procedimento que se chama expiação, onde compreenderemos melhor a aplicabilidade da lei, descobrindo que o mal jamais nos levará à felicidade.

Ciente disso, cabe ainda ao responsável equilibrar a desarmonia que ele causou no todo. A esse procedimento chamamos de provação. Provar que aquilo que desequilibrou por intenção ou responsabilidade, aprendeu agora a harmonizar. Entre provas e expiações, vivem os moradores do planeta Terra em seu estágio de evolução.

É dever a submissão à lei, a ação no bem, que já nos é possível, e a atuação no serviço moral, que nossas consciências já compreenderam. Cada ação fora dessas três métricas incorrerão em responsabilidade. É responsabilidade nossa fazer ao mundo, todo o bem que já nos foi revelado através do conhecimento que amplia nossa capacidade de agir. Assim também se dá no campo do serviço moral que se alarga, a cada vez que nossa estatura moral se adianta, deixando claro que todo progresso nos traz responsabilidades, seja ele no campo intelectual ou moral.

Quando não cumprimos a lei, submetemo-nos aos seus mecanismos de regulação, não de punição, mas de harmonização quanto ao equilíbrio quebrado e educação. Diante de um sentimento que chamamos de remorso, ação de responsabilidade doentia frente à infração de uma lei, é que se perdem muitas almas que deixam de evoluir frente à paralisia do cometimento do erro. Remorso é rememorar as lembranças do erro cometido e permanecer naquele pensamento cíclico da culpa. Temos responsabilidade porque não cumprimos o dever, mas o remorso é algo doentio que nos assalta de argumentações interiores, algumas vezes em justificativas do malfeito e outras vezes no seu próprio julgamento e condenação, desequilibrando nosso psiquismo.

O remorso é fruto de somatizações de doenças em nossos corpos, e paralisa a nossa evolução. Falamos que a lei de Deus não pune. Então para que o remorso? É falta de compreensão da providência e da misericórdia de Deus para com cada um de seus filhos.

Através da humildade e do processo de reajustamento daquilo que nosso desvio da lei desarmonizou, é que estaremos novamente aptos a caminhar adiante com proveito. Humildade para entendermos que fomos criados ignorantes e que assim o erro, possivelmente faria parte da didática dos nossos aprendizados e à responsabilização daquilo que desarmonizamos, restituindo o equilíbrio, como forma de aprendizagem em fazer o melhor possível. A reconciliação com o desequilíbrio que causamos na harmonia do todo, evoca-nos à consciência responsável, e no cumprimento dessa harmonização, vamos talhando a própria didática do nosso processo evolutivo.

Precisamos compreender o auxílio que podemos dar às pessoas para encontrarem a sua plenitude. Auxiliar alguém não é tomar a vida dela para nossa conta, mas uma contribuição secundária de atuarmos segundo os propósitos, a força e a vontade de caminhar dela. É assim que entendemos Cristo diante do cego de Jericó, perguntando a ele: Que queres que eu faça? Parece que a resposta é óbvia: que ele enxergue! E essa foi a resposta dele. Mas só a partir dela que o Cristo agiu.

Por que auxiliar é tão meritório? Porque é mais difícil do que a gente imagina. Preciso contribuir com a pessoa segundo os propósitos dela, na maneira que ela deseja receber a contribuição. Essa é a dificuldade de orientar. Não podemos querer que o sofredor já combalido, ainda passe a atuar segundo as nossas diretrizes. Cada um tem livre arbítrio, até mesmo para não aceitar o que achamos que é melhor para ele.

O dar-se eterno de Deus necessita de um instrumento para expressão no mundo. As energias vêm do etéreo, e o mundo é matéria densa, o ser humano é o instrumento de expressão de Deus na terra. Ele pode tanto expressar, quanto pode promover os escândalos, a distribuição dessa energia para o seu próprio deleite. Esse é o mal. As bênçãos de Deus expressam-se como um circuito elétrico. Só há corrente de energia, deslocamento de elétrons de um lado para outro, porque há uma usina formando um polo positivo e outro negativo, onde o circuito novamente fecha-se na usina.

E veremos o dispensar das bênçãos divinas. Deus (usina), dá àquele que pede (polo positivo), que distribui com aquele que necessita (polo negativo), que novamente une-se com Deus através da gratidão. Só há deslocamento de energia elétrica quando há um circuito fechado, assim como só há distribuição de bênçãos, também nessa hipótese:

Quando um que pede, desejando doar para outro, os dois recebem, e se esse agradece, o ciclo de bênçãos continua indefinidamente. Essa é a mecânica das bênçãos. Assim, escreve Tiago: "Pedi e não recebereis se isso for para o seu deleite", a deixar mais claro ainda, que só receberemos bênçãos quando houver a necessidade de auxílio mútuo. É assim, que em um atendimento voluntário, precisamos saber que o terapeuta recebe suas bênçãos, quando deseja doá-la ao sofredor e estabelece com Deus a oportunidade de servir.

Compreendamos que a água parada se torna fétida e que bênçãos não canalizadas promovem enfermidades. As bênçãos só fazem sentido se estiverem em movimento. É assim que compreendemos a ascensão de Zaqueu no evangelho do Cristo, que mesmo sendo rico, dividiu seus recursos ao meio e entregou aos necessitados e a outra metade, pagou quatro vezes mais a aqueles que ele devia. Esse entrou no Reino de Deus! Já o mau rico que comia na mesa farta e Lázaro, o pobre aos seus pés, nem podia alimentar-se de suas migalhas, não teve a mesma sorte espiritual. A bênção que foi retida, estagnou e adoeceu.

A lei é garantia de que alcançaremos a felicidade. A dor é seu mecanismo de orientação a dizer que nos desviamos do caminho correto. O sofrimento é a não aceitação dessa orientação na condução de nosso destino.

Humildade e Obsessão

Dentre as virtudes, a radical e sempre mais admirada quanto a sua potência, é a humildade, classificada como força divina de nossas almas e expressão de Deus em nós. A dificuldade de compreendê-la está no seu significado frente a demonstração de fraqueza ou de pobreza. Precisamos conceituá-la segundo a simplicidade dos pobres de espíritos que herdarão o reino dos céus. A consciência das limitações é alavanca propulsora para a melhoria espiritual e antídoto ao arrastamento do mal, através do autodescobrimento.

Na humildade mora a força e a vontade e jamais, a covardia. Quando não se responde a uma agressão, estaremos diante de duas possibilidades: uma, o medo, o receio porque sabe-se não haver força para vencer o combate. E outra, quando ciente de suas forças para sair vencedor, opta por não combater. Essa última é a humildade, a outra pode ser covardia. Mas podemos considerar como prudência diante de situações em que se corre perigo de vida. Do radical húmus, terra, assim como Deus nos diz que o homem veio do barro, sua essência é o húmus e ao manifestar a humildade, precisamos trazer ao mundo a nossa identidade enquanto essência divina.

Humildade jamais será servidão, mas libertação interior. Somente quando a vontade estiver submissa à verdade, é que será ela plenamente livre. Isso acontece porque a verdade nos libertará de todos os atavismos e vícios, através dela nos uniremos à unidade harmônica que rege o universo. Entre o discurso, a coerção e o exemplo, a humildade será sempre o exemplo, a única forma de conscientizar alguém para empreender novos caminhos na trilha das leis da vida.

Realidade é o cumprimento das leis morais talhadas para nos levar desde a ignorância à plenitude de nossas potencialidades e felicidade, que se consegue através da manifestação da nossa essência divina no mundo. E esse foi o caminho percorrido para construção da civilização. O homem que olhou para si no espelho d'água e contemplou a sua beleza. E por ser belo, despertou a vontade de ser admirado pelos outros, originando o processo civilizatório, mesmo que através do seu egocentrismo. O Cristo nos mostra a ascensão para o próximo patamar evolutivo quando ensina a transformar o amor-próprio no amor ao próximo, lembrando-nos: amar ao próximo como a ti mesmo. Só é possível a expressão da caridade quando se percorre o caminho da humildade, que apesar de iniciar-se no egocentrismo, ascende-se a considerar além do interesse pessoal, o coletivo.

O principal objetivo da alma na terra é a busca de sabedoria e moralidade. Para isso, ela ganha um corpo para manipular o mundo e precisa dele desapegar-se, em função de seus objetivos primários de ascensão. Quando demonstramos a nossa essência em consideração a outra pessoa, e essa não aceita, é porque jamais existiram laços entre essas almas. Se não aceitamos o que o outro é, na manifestação de sua essência, apenas admiramos a sua superficialidade, algo que a morte física ceifará juntamente com o seu corpo.

Na tentativa de compreensão do evangelho do Cristo, porque não nos interessamos pela sua proposta, é que há dois mil anos depois, ainda continuamos nos questionando. O Cristo falou em parábola, porque já sabia que a sua mensagem tocaria cada um de nós, em momentos de despertares diferentes. Assim, preservou na linguagem simbólica do mito, a possibilidade de a mensagem ser imortal. Se o Cristo tivesse escrito em prosa, a língua já teria morrido e não compreenderíamos os jargões e o folclore da época. É por isso que ainda temos oportunidade de aprender com essas mensagens, que já superam dois milênios de existência.

Ao olharmos para a mitologia indiana, colheremos os conhecimentos que nos ajudarão nesse processo, por eles chamados de Yoga sutra, onde podemos traduzir por "união costurada", uma união mais profunda que acontece quando alinhamos razão e emoções na direção dos nossos propósitos. Esses, que a exemplo do barco, são lemes, representando razão, e velas, esboçando emoções. Se lemes e velas apontarem para as pedras, o barco se destruirá! Se leme apontar numa direção e vela para outra, não teremos o deslocamento desejado e ideal. É preciso o alinhamento dos dois, frente aos propósitos universais, para que nossos barcos, representados pela consciência, vão em direção à plenitude de suas potencialidades.

Quando falamos de mito, não estamos falando de mentiras, mas de uma linguagem simbólica para descrever a realidade. Os mitos formam um paralelo com a linguagem das parábolas, utilizadas pelo Cristo. A estória de uma virgem que recebe um filho de Deus, veremos no cristianismo, no budismo e no islamismo. Alguns dizem que, como acontece em todas as civilizações, então deve ser mentira. Nós dizemos que porque acontece em várias civilizações, é verdade! Verdade essencial do espírito de cada um de nós, que necessita para evoluir do alicerce de seus mitos. Assim Patanjali, na expressão divina, traz o conhecimento dos sutras para a terra, a falar-nos dos grandes e dos pequenos mistérios. Os grandes, como sendo a união do ser com

Deus, e os pequenos que ocorreriam sempre antes, como a união dos vários pequenos "eus" das personalidades que formariam o ser.

O universo possui um propósito que é expandir-se e depois retrair-se, enquanto movimentos do macro que também acontecem no micro, se compararmos com o nosso coração em seus movimentos de sístole e diástole para o bombeamento sanguíneo. Assim, como o coração, o universo bombeia suas energias ritmadas e em harmonia com os seus propósitos. No ciclo de projeção, denominado no mito de projeção do Citta, palavra indiana que significa consciência. Do ser central é projetada a identidade nas coisas que desejamos. É onde as coisas tomam um poder que não lhes cabem. O poder de decidir pelo ser para suprir o desejo ali projetado. Lembramos do Cristo, quando dizia: "Onde está o seu pensamento, ali estará também o seu coração", o nosso desejo e identidade. Dessa forma, transformamo-nos em individualidades projetadas e espalhadas.

Na evolução que precisa acontecer em busca do ser, essas projeções precisam ser recolhidas. Aqui falaremos do recolhimento do Citta, da consciência, onde cada um dos aprendizados e das experiências com esses desejos, retornarão ao centro, onde serão considerados pelo ser em suas decisões, mas não terão mais o poder de decidir. Assim que progredimos, na projeção, conhecemos, mas só no recolhimento, aprendemos e conciliamos, enquanto novas potencialidades, para o nosso ser enxergar mais longe, ciente dos vários ângulos do prisma, decidir melhor. Para evoluir, é preciso reconhecer o ser e diferenciá-lo dos "eus" pequenos, ou personalidades transitórias. Esses são importantes quando não polarizados, mas individualizados.

Para colocar a atenção no seu lugar correto, é preciso tolerância. Essa palavra dá sinônimo à indulgência e à misericórdia. A tolerância como indulgência, faz parte da caridade, enquanto benevolência e perdão. Tolerar é aceitar o não cumprimento das regras, sem julgar. É dar o direito do outro de ser diferente de nós. É compreender que somos únicos. Tolerar é a base de toda a evolução. É o suporte das engrenagens, onde se não suportarmos o atrito entre elas, não desenvolveremos a maquinaria do progresso.

Compreendamos a tolerância enquanto inspiração da fraternidade, requerendo entendimento. Entender o outro não é concordar com ele, mas compreender as bases que o levou a decidir de forma contrária à nossa. É adaptar-se com dignidade ao fato de que cada espécie possui a sua produção, mas em tempos diferentes. Ao tentarmos igualar todas as coisas, é como se, independente da semente plantada, queiramos no próximo dia, colher o fruto de sua produção, sem considerar sua diversidade naquilo que tange à germinação, ao crescimento, à floração e à frutificação.

Precisamos entender cada ser humano em seu caminho e estatura de compreensão diferente, dando ao outro o direito de pensar de forma diversa da nossa. Comparando o ser humano a uma espécie de planta, se não tivermos tolerância de aguardar os frutos ao seu tempo, perderemos a sua produção.

Pensamento e sentimento possuem cargas magnéticas, atraindo semelhantes e repelindo os polos contrários. Se quisermos ser tolerados, é preciso a prática da tolerância, atraindo para nós os préstimos dessa virtude. Despertemos para o fato de que o mal só faz mal àqueles que o pratica ou revida. Caso contrário não encontrará sintonia para manifestação em nosso ser. Tolerância não é uma virtude passiva e precisa ser expressa, no afastamento do mal e na busca pelo bem. Só dissiparemos os vícios com a prática do bem e o exercício do amor.

Tolerância é a virtude que se expressa através da humildade na manifestação do idioma inarticulado do exemplo, para a construção da harmonia. Não se expressa tolerância através das palavras que aconselham ou que orientam, mas através de nossos exemplos de vida. A tolerância não julga nem orienta, apenas constrói. O grande exemplo de tolerância do evangelho do Cristo, encontramos no seu regresso do túmulo aos discípulos que se encontravam escondidos dos romanos. Cristo materializa-se no meio deles, dizendo: "Paz convosco! Recebam o Espírito Santo! Assim como o Pai me enviou, eu vos envio em nome Dele para aplacar os sofrimentos da terra!" Notemos que o Cristo não questionou Pedro: Por que me negaste três vezes? Não questionou aos apóstolos por não vigiarem contra a investida de Judas. Nem mesmo àqueles que não estiveram com Ele no momento da crucificação. Isso é tolerância, foco no propósito que a vida delegou.

Oração

Quando olhamos para a oração do Pai Nosso, vemos a estrutura completa de uma prece, encontrando louvor, agradecimento e pedido. No: "Pai nosso que estais no céu, santificado seja o Vosso nome" – temos aí o louvor da glorificação de Deus que não precisa ser glorificado, mas precisamos fazer isso, para elevar os nossos pensamentos para o Eu Divino que habita em cada um de nós. "Venha a nós o Vosso Reino, e seja feita a Sua vontade, assim na Terra como nos céus" – reconhecemos que queremos a pátria espiritual, que esse mundo já não nos basta no sentido de preenchimento dos nossos vazios, e pedimos ao Pai a vida imortal.

"O pão nosso de cada dia, nos daí hoje" - não estamos pedindo o pão material, mas força, coragem e oportunidades para que através do esforço de cada um, tenhamos supridas as nossas necessidades do corpo e da alma. "Perdoai as nossas ofensas" – demonstra a humildade de se reconhecer pecador. Reconhecer-se pequeno, necessitado de ajuda. "Assim como nós perdoamos a quem nos tem ofendido" – demonstra a tolerância que precisamos ter para com o próximo, se quisermos que os nossos pecados sejam perdoados e que Deus também tenha tolerância para com as nossas faltas. "E livrai-nos do mal, amém" –, pedimos a distinção entre o bem e o mal, e que diante de cada uma das escolhas, sempre optemos pelo bem. Essa é a oração que o Cristo nos ensinou quando pedido pelos apóstolos.

Orar é voltar a face do espelho de nossa mente para o divino, para refletir a sua luz para as trevas de nossa ignorância. É o espelho que capta o divino e reflete luz para as trevas. O objetivo da oração será sempre a expansão do amor divino sobre a ignorância e o sofrimento, sejam eles, nossos ou daqueles a quem endereçamos. Na oração precisamos ter, quem pede e recebe para endereçar, não só em proveito próprio, mas ao outro que também necessita.

Lembremos que os recursos de Deus são sempre para todos! E na oração, só se recebe quando se cria o polo positivo daquele que pede e o polo negativo daquele que recebe. Assim, os recursos do Pai fluirão do céu para a terra através do homem, para abençoar o outro homem. Esse é o ciclo da caridade: alguém que pede e recebe, e torna-se aquele que tem e doa.

Os recursos do universo são todos destinados à obra da criação. Se você participa dela, no sentido de cumprir a missão que lhe compete, receberá da fonte do poder, os recursos que harmonizam o todo. É através da oração que teremos a inspiração que nos capacitará a ressignificar as experiências do passado, extraindo delas a essência do conhecimento que comporão as nossas almas. É preciso fé inabalável, aquela que tem coragem de olhar para as verdades científicas, e afastar-se das fantasias e do dogmatismo, para direcionar através da oração, a nossa bússola e a apontar para Deus. Através da oração é que daremos sentido a nossa vida e um referencial de propósito a seguir. Sempre nas orações, a maior dificuldade do ser humano é não receber aquilo que pede e colocar-se na descrença.

Precisamos lembrar o Cristo, que diz: "Se vós, como pais, quando seus filhos pedem peixe, não dão serpente. E quando pedem ovo, não dão escorpiões. Mais ainda fará o vosso Pai que estás nos céus." E diante do "pedi e obtereis", do "batei e abrir-se-vos-á", do "buscar e achareis.", o discípulo acredita que é só pedir. Não! É preciso pedir, buscar e bater. Demonstrando o esforço de nossa parte para merecer a bênção. Aqui dizemos que o Pai só nos dará aquilo que necessitamos para a busca do conhecimento e da maturidade moral, desde que ainda, ao pedirmos, incluamos o "dividir" em nossas súplicas. Assim lembremos do que nos diz Tiago em sua epístola: "Se pedirem e não forem atendidos, é porque pedem para os seus próprios deleites". Estejamos cientes de que há sim, forma de pedir e não receber, e coloquemo-nos diante do Deus, enquanto dispensadores de suas bênçãos.

A ação magnética de nossos corpos que atraem por sintonia os nossos destinos e os recursos de nossas vidas, sempre terão sua potência fluídica aumentada pela oração. Orar é dispor da possibilidade dos bons espíritos entre nós, enquanto a capacidade mediúnica que todos temos de entrar em contato com o nosso anjo de guarda. Peçamos para servir e sempre seremos abençoados.

A mediunidade trata sobre a influência dos espíritos em nossas vidas. E nesse sentido, todos somos médiuns, pois a influência dos espíritos na vida de cada um dos encarnados é tão grande que muitas vezes são eles que nos dirigem. Essa influência precisa ser diferenciada de uma influenciação persistente. Essa última, é o que chamamos de obsessão, a capacidade dos espíritos, iniciando de um processo simples, através da sugestão mental, avançando para um processo de fascinação, onde aquela consciência é iludida e tirada da sua realidade, e culminando com a subjugação, onde as entidades espirituais assumem o domínio das atitudes daquela pessoa. E aí, nós questionamos: "Mas onde fica o livre-arbítrio?" Ficou lá atrás quando essa pessoa começou a ser iludida e cedeu sua liberdade de arbitrar para a entidade obsessora.

Os processos de envolvimento iniciam-se através da vingança começada por mazelas da vida pregressa ou mesmo da vida atual. No processo de sintonia entre culpados, sendo a entidade obsessora responsável pela parte ativa e a entidade obsediada, pela passiva. Entre obsediado e obsessores, não existe quem é melhor. Existem almas que só se encontraram porque tiveram, através dos seus débitos morais, sintonia. Se o obsediado fosse melhor que o obsessor, não haveria obsessão.

E, precisamos examinar a outra forma dos obsessores escolherem as suas vítimas: o desejo de fazer o mal. Entidades que invejam a felicidade das pessoas que buscam com suas dificuldades fazer o bem. Mas há que se dizer que também nesse processo, assim como no outro, não há vítimas inocentes. A misericórdia divina une vítima e algoz para que, através do processo da vergonha e do remorso que fazem suas companhias, possam despertar responsabilidades quanto à escolha do bem e ao afastamento do mal. É a sintonia mútua e recíproca, que através do entrelaçamento, unem vítimas e algozes, para seus processos de redenção. Uma obsessão só se finda quando se muda de faixa de pensamento, o obsessor ou o obsediado.

Somente pela autoanálise e do serviço no bem, estaremos diante de boas companhias, que dispersarão as ruins. A força mental de um processo obsessivo dá-se pela ideia que é passada pela imagem, impregnando aquela consciência através do processo da repetição. E assim vai se fazendo a sintonia entre as almas, que acaba no processo do encantamento para afastar da realidade e daqueles que possam ajudar no desfazimento do processo.

Onde o espírito encarnado torna-se mais vulnerável, é durante o sono da matéria com o desdobramento da alma, perdendo ele a consciência desperta, enquanto processo de proteção. E durante esse processo, as entidades obsessoras fazem suas sugestões pós-hipnóticas, concretizadas após a vigília do próximo dia.

São pelos processos de tristeza, revolta, vingança, ódio, que somos encontrados pelos obsessores. Cada um desses sentimentos e emoções são portas abertas para eles. E sempre que expressamos essas emoções, através do pensar, já estamos aí, facultando um processo de obsessão simples. Se expressamos pelo falar, as portas já estarão abertas para a fascinação. E se expressamos pelo viver, já é completo o processo da subjugação.

Lembremos o evangelho, onde Jesus diz, quando expulsa uma entidade obsessora e o obsediado não toma conta de sua casa mental, persistindo na prática dos vícios, volta ela com mais sete obsessores que vem habitar aquela casa. E assim, é preciso que se diga que nem mesmo o Cristo, quando retirava os obsessores, faziam dos obsediados, livres. Não! Pediam a ele responsabilidade para não mais permanecerem nos vícios.

É preciso que se trate da mesma forma e com o mesmo carinho, obsessor e obsediado, sob pena de fracassar no processo inteiro. Ao obsediado, precisamos dar formação. Estudo que eleve os seus pensamentos quanto à aquisição da moral e sempre, serviço no bem. E, não estamos falando apenas de trabalhos voluntários ou assistenciais. É preciso que o bem faça parte das alternativas do seu processo de escolha, como a melhor saída. É preciso que tiremos o bem dos templos assistenciais e levemos para o cotidiano de nossas vidas.

Não ofereçam a ninguém que deseja desenvolver a sua mediunidade, oportunidades, se essa pessoa não estiver disposta a seguir no caminho do bem. Será ela mais um joguete nas mãos dos espíritos obsessores.

Quanto à oportunidade de fortalecermos a identidade espiritual que nos foi dada, é preciso olhar para os nossos processos de identificação e desapego. Na identificação, as coisas passam a ter o valor dos nossos desejos. E ali, os nossos pensamentos perdem-se em sua capacidade de decisão. E quanto ao desapego, não é afastar-se das coisas ou dizer que elas não têm valor algum, mas darmos a elas o valor correto e justo, verdadeiro da sua essência.

Há vertentes de crenças que predominam ainda no mundo, que creem que as coisas lá fora só existem quando são pensadas e desejadas por uma mente. E, já queremos dizer que é muita pretensão do homem, acreditar que as coisas só existam em função dele. Só existem em função dos seus desejos e das suas crenças. É preciso que se diga que elas existem por si só, para ocupar o seu lugar na criação da vida.

O homem é só alguém que passa. Mas apesar de ser assim, é alguém que possui vida mental. A vida do homem acontece em sua mente. A percepção das coisas lá fora, segundo as crenças dessa mente, produzem ações únicas a respeito da forma em que cada uma dessas sensações impressiona aquele ser. As coisas lá fora existem, mas não são as coisas de fora que interferem na vida dos homens, mas a sensação que elas causam.

Compreendamos que quando estamos expostos ao mundo da matéria, há uma sociedade que dita nossas regras de convivência e também os valores de sucesso pessoal. E através dessa fogueira dos desejos dessa sociedade, são iluminados os nossos próprios desejos. E assim somos desidentificados. Fazemos aquilo que a sociedade deseja, segundo o modismo que impera naquela época.

Mas há uma visão mais benéfica, onde as coisas não são mais iluminadas pela fogueira dos desejos, mas pela luz do sol. Aquele que representa para nós, a expressão da bondade. Aquele que nasce para todos de igual forma. E é só iluminado pela luz do sol, expressão da bondade, que veremos a verdade das coisas. A natureza só se abre para aquele que quer o bem dela. Assim como cada um de nós, quando queremos nos libertar de nossas mazelas e conversar, vamos sempre buscar ao amigo, que nos quer bem.

A ignorância sempre nos levará a crer que tudo está separado e ao nascimento do egoísmo enquanto raiz de todos os nossos vícios.

Somente através do propósito que diz quem somos e para onde estamos caminhando, é que poderemos traçar um planejamento para chegar aonde queremos. Quem não tem propósito, não sabe quem é e nem onde está. E assim, está incapacitado de traçar um plano para chegar a algum lugar.

A realidade, enquanto profundidade da essência das coisas e a ilusão enquanto superficialidade, dá a cada um de nós, uma responsabilidade. Quando olhamos para as coisas e vemos a sua essência, conectamo-nos com a criação divina e assim nos reenergizamos. Mas quando apreciamos apenas a sua superfície e criamos ilusões, essas criações são abastecidas pelas nossas energias e assim, perdemos o nosso potencial de motivação para ir adiante.

A educação precisa ser para nós, não apenas um processo de informação de conceitos técnicos, mas uma forma também de formação da capacidade moral. Educar é refinar o gosto. Educar é aprender a gostar do bem. Sim! Gosto é coisa que se muda. Ora na infância, não gostamos de legumes, ora na idade adulta, torna-se vegetariano e assim adiante. Então, o gosto está em nossa vida para ser refinado, para encontrar-se com a essência do bem. Quando gosto do bem, todas as minhas escolhas serão segundo ele.

Os nossos sentidos, em termos de percepções, não podem roubar o poder de decisão do nosso ser. Não podemos nos identificar com os nossos desejos. É preciso captar deles a percepção e trazer para o centro, onde misturado com as percepções de outros ângulos, comporão uma melhor decisão. E estamos falando do fanatismo. Aqueles que escolhem, enxergando apenas uma forma de expressão da verdade.

O ser humano hoje na terra, move-se por busca ao prazer e fuga da dor, demonstrando a infantilidade da sua psique. Hora nenhuma entra em consideração os valores universais da expressão do bem. Ele que buscará sempre ser reconhecido. Buscará o pertencimento. E para isso, sujeita-se às expectativas de cada um dos grupos que fazem parte. As expectativas da família, do trabalho e da sociedade. Sendo que cada uma delas, pede-nos algo diferente, estará ele sempre correndo atrás para cumpri-las, para concordar a elas. E assim, surge o estresse e o vazio, porque não é possível agradar a todas essas expectativas diferentes. Então, ele sempre se sentirá devendo. Sempre sentirá incapaz. Sempre se sentirá menos. A saída é ser você, em todas as situações da vida.

A primeira dúvida é: "Mas os outros irão me aceitar?" Sim! Aquele que é ele mesmo, emana a força da essência da vida e sempre dará as melhores respostas para as coisas mais complexas, porque só esse conhecerá a sua verdade, através do discernimento. Irá ao cerne, ao centro.

A maior dificuldade dos encarnados é coragem de pensar. E, fazemos um paralelo de que não é preciso nem dizer coragem de pensar diferente. Somos seres diferentes, que sempre que tivermos oportunidade de pensar, será diferente. Uma nova saída. Uma nova ideia. Quão bom seria se oito bilhões de pessoas pudessem pensar por si mesmo. Oito bilhões de ideias diferentes e de novas saídas a serem consideradas, enriqueceriam o processo decisório de toda a humanidade. Mas a sociedade hoje é das multidões e do pensamento coletivo. Quando o pensamento é coletivo, já vai a certeza de que apenas um está pensando e todos os outros estão sendo pensados em suas cópias.

Organizar ideias é o processo de pensamento que necessita ser realizado diante dos valores universais do bem. Meu propósito é o ápice da plenitude humana no que diz respeito aos valores, virtudes e sabedoria. E essas ideias para serem expressas, necessitam de um padrão linguístico, a demonstrar a complexidade e a genialidade do ser humano ao produzir as suas próprias construções.

Os animais, cujo propósito de vida é a sobrevivência e a perpetuação da espécie, só necessitam do grunhido para acasalar-se e para sobreviver. Já ao homem foi dada a linguagem, algo mais complexo. Já, para diferenciarmos o propósito de vida humano, esse não é só reproduzir e sobreviver, mas, elaborar e comunicar os valores complexos da alma.

Precisamos de pensamentos próprios. E não estamos dizendo que devemos nos afastar dos fatos, mas extrair deles, ideias próprias. O melhor que nossas crenças puderem elaborar. Isso é pensar por si mesmo. O pensamento, como tudo no universo, é feito em gênero. A demonstrar uma parte feminina, que é a mente, e uma parte masculina, que é a ideia. Quando uma ideia vem de fora, insemina as nossas mentes, essas precisam ser reconhecidas como não sendo nossas. A exemplo de espécies de pássaros que colocam seus ovos nos ninhos dos outros.

O outro pássaro, da outra espécie, choca e como ele chocou, passa a ser seu filho. E assim, acontece com a maioria dos nossos pensamentos. As nossas mentes são inseminadas por ideias que não são nossas. É preciso pensamento próprio. Ideia e mente suas, ainda que equivocadas. Mas sendo o melhor daquilo que você pode expressar hoje, segundo suas crenças.

As coisas no mundo precisam ter o valor que lhe foi dado na criação por Deus, enquanto forma de compor a vida e não só uma projeção da mente humana. Ao olharmos para as coisas com a fogueira dos desejos, perguntamos: "Isso atende aos meus interesses?" Não, então, não existe? Não! Mas nós, infelizmente, a tornamos publicamente invisíveis.

Enfermidade e Essência

Sempre que falarmos de enfermidades, é preciso constatar que o conceito de doença não tem ainda conformidade entre a ciência, a filosofia e a religião. É um conceito que sempre se atualiza a cada momento que o ser humano vislumbra a verdade mais próxima dos seus olhos.

Será que aquele que possui uma ferida na perna é um doente? Esse ser humano só se torna doente quando essa ferida tira a harmonia com a realidade de sua vida. Diante da doença, temos aqueles que se tornam doentes, mas de outra forma também, temos aqueles que seguem o fluxo de sua evolução.

Esses dois conceitos merecem atenção: harmonia e realidade. Harmonia é concordar com a verdade que já nos é possível enxergar, e realidade é a manifestação da própria verdade. Dado que estamos evoluindo, tanto em conhecimento quanto em moralidade, a realidade altera-se diante da compreensão de nossa mente.

Saúde é um recurso da vida e não o objetivo dela. Quando confundimos um pelo outro, vivemos para ter saúde. Mas de que adianta ter saúde, se não a utilizo para buscar as virtudes, os valores e a sabedoria de minha alma?

É assim que a doença quando se expressa já no berço, cumpre com os seus objetivos de purificação do espírito. É o vaso de barro que purga, a exemplo do mata-borrão, o excesso da tinta, e no caso do espírito, o excesso das energias densas que comprometeriam o seu corpo energético.

Quando a doença não nasce com o berço, ela estará no mecanismo de ação e reação. A cada dia que decidimos, estaremos mais próximos da saúde e ora entregues à doença. Não como castigo da ação, mas enquanto forma de renovar as nossas crenças através de suas consequências.

Os reflexos da mente sobre o veículo do corpo físico, a esse chamamos de enfermidade. Um corpo enfermo será resultado de uma mente doente. Reconheçamos que nossas emoções quando expressadas de forma violenta, rompem com a tessitura singela e frágil do nosso corpo físico e mental. Precisamos canalizar as emoções de nossas almas, para que se expressem no mundo com o menor dano possível para todas as partes envolvidas.

Classificando a enfermidade em seus três princípios, teremos: aquela que vem do físico, do mental e dos processos obsessivos. Sobre esses últimos, falamos no sentido de que, a sintonia dos nossos atos atrai magneticamente as companhias e a energia densa de cada uma delas, podem colocar as nossas mentes num processo de enfermidade que culminará em alterações no físico e no psíquico.

Saibamos que temos em nossos corpos orgânicos, um eixo descoberto recentemente pelo homem, chamado de "eixo intestino-cérebro", em que a ciência já consegue desbravar a íntima relação entre cérebro e intestino, no sentido de que os dois produzem os neurotransmissores capazes de ajustar ou de desajustar o nosso equilíbrio neuronal.

Precisamos compreender que os dissabores e as decepções da alma, são as causas de todas as nossas enfermidades, mesmo aquelas de ordem acidental. O ser humano quando contém um fulcro magnético denso na alma, atrai acidentes e até balas perdidas. Compreendamos que as emoções mal encaminhadas, ferem os centros de força de nossa vida. São elas, quando desarranjadas, que consomem as energias de nossas almas, no sentido do desequilíbrio que causará enfermidades.

As emoções estão intimamente ligadas com a frequência de nossos corpos. E quanto mais baixas, mais próximas do patamar de desajustamento. E assim também funciona com o seu oposto. Quanto mais altas, maior a proximidade com o ajuste das energias da saúde.

Conscientizemo-nos que a cura definitiva de nossas doenças, estará no estudo nobre e no serviço constante à seara do bem. O estudo, no sentido tanto da informação técnica, quanto da formação do caráter. E o serviço voluntário para atenção ao sofrimento alheio, talhará a estatura moral de nossos espíritos. "Mente sã em corpo são", essa frase dos filósofos da antiguidade, que precisamos buscar e incorporar em nossa vida cotidiana.

Sempre que olharmos para a essência das coisas, estaremos diante do sol interior da bondade. Aquele que tudo ilumina em busca de sua natureza divina, revelando a verdade e a realidade do todo. Em contraposição, teremos sempre o fogo das paixões, que através de nossos desejos, enxergam nas coisas, somente a utilidade que podem ter para os nossos prazeres. Identificados com os desejos, perdemos a capacidade de enxergar a realidade. Os desejos e as expectativas, cobrem a essência divina de tudo o que nos relacionamos. E aí só enxergaremos superficialidades, o perecível daquilo que vai morrer.

Enxergar-se como é e aceitar, é o processo de início do ajudar. Só ajuda aquele que enxerga e aceita a realidade como ela é. Temos exemplo no mito das estórias infantis, onde a princesa aceita o sapo. E esse, por ser aceito por ela, transforma-se em príncipe. Esse exemplo podemos levar para todos os nossos relacionamentos. Se queremos nos relacionar com o príncipe, antes é necessário aceitarmos e compreendermos o sapo, por detrás.

Diante das impermanências da vida, é através do discernimento, que enxergando o cerne, fazemos a boa escolha pela permanência, por aquilo que é essência e não transitório. Vale o exemplo da "águia prisioneira" de Platão, onde ao olharmos para a águia, enxergando a jaula. E pela forma da jaula, criticamos a águia. Sem saber que a águia também é prisioneira da jaula. A identificação da águia para aquele que olha de fora, é a jaula. Podemos traçar um paralelo com a nossa personalidade no mundo material. Essa personalidade é o corpo físico, a jaula que nos prende. A alma, também não enxergamos, mas julgamo-la pela aparência e manifestação da personalidade e do corpo físico que a prende. No final das contas, a alma está presa por algo que a faz mal, e a identificamos por isso.

Assim também, a compreensão do mito de Ísis e Osíris, no Egito antigo. Ísis, esposa do deus Osíris, tem seu esposo despedaçado e as partes dele escondidas no mundo. A meta de Ísis é encontrar essas partes do coração de Osíris. Aqui, significando as nossas metas de encontrar, em cada uma das coisas, parte do coração de Deus. E chegaremos à compreensão de que também somos partes desse coração que necessita de união.

Somos compelidos pelo feitiço dos desejos e o amor ao mistério. Desejo, enquanto busca dos prazeres imediatos do corpo e forma de controlar a vida. Sim, ainda acreditamos, quando encarnados, que podemos controlar a vida e o mistério, enquanto manifestação do divino. Esse não precisa ser controlado pois é da mesma essência da harmonia, e que através da fé precisa ser buscado.

As limitações pela superficialidade das coisas, envolve-nos na fantasia de que não podemos mais porque algo nos impede. Não, a única coisa que nos impede é a inconsciência do ser e a vontade de não seguir adiante. É preciso encontrar as nossas potencialidades, diante da consciência do ser e de sua manifestação.

Realizar o bem é aproximar cada uma das coisas da sua própria essência, a natureza divina das criaturas. Sem nenhuma forma de desejo ou interesse pessoal, amar a verdade. E aqui é importante que se diga que a verdade existe por si só. Nós que queremos nos livrar da realidade dizendo: "Cada um tem a sua verdade." Não! Cada um tem o seu esboço da verdade. A verdade é algo que existiria mesmo se não existíssemos. E é esse cerne, é essa essência que precisamos procurar nas coisas e só encontraremos à medida que anularmos os nossos desejos por cada uma delas.

A vida só se abre para aquele que deseja o bem dela. E assim, é a única forma de compreendê-la. Atuando com bondade, sem nenhuma forma de desejo e de interesse pessoal.

Estamos envoltos na grande alucinação da verdade. A primeira é que a verdade não existe. A segunda é que as nossas emoções, quando violentamente se expressam, pedem a nossa razão para que dê um jeito de elas estarem certas. Essa, a grande dificuldade do ser humano, na utilização da razão.

A nossa razão não busca a verdade, mas dar um jeito de provar que estamos certos. E assim nos perdemos e não reconhecemos mais aquilo que é verdade ou realidade. Ficamos com a opinião das massas: "Se todo mundo está dizendo, então é verdade".

A história mostra-nos algo bem diferente. Quando todos diziam que a Terra era plana, surgiu um único homem para dizer que ela era redonda. E ele era o único que estava certo. E a Terra nunca deixou de ser redonda pelo fato de todos acreditarem que ela era plana. A verdade existe além da opinião das pessoas. É essa que precisamos procurar, enquanto alicerces de nossas vidas.

As nossas mentes, para buscar a verdade, necessitam de foco. Uma mente dispersa com pensamentos circulares, é um instrumento de energia desgastada que não chega a lugar nenhum. Vejamos o exemplo da luz, que quando concentrada, torna-se na potência do laser, demonstrando sua força. Assim, vai haver uma forma para concentrar a nossa mente: a realização de trabalhos mecânicos repetitivos.

Quando estamos manuseando algo mecanicamente, é o melhor momento de nossas almas conversarem e inspirarem as nossas consciências. O trabalho de lavar uma louça, de fazer uma costura, são excelentes para fortalecerem a concentração de nossas mentes e atrair as boas inspirações.

Algo que precisamos realizar para buscar a verdade, é desconectar as emoções dos pensamentos. Sempre que a emoção estiver alta, a racionalidade e a lógica estarão em baixa. Então, nunca tome decisões sob o auge das emoções. Sempre serão desencontradas e despidas do processo racional da lógica.

Reformulemos os nossos aprendizados, no sentido de trazer a ideia que queremos manifestar no mundo. E só assim, teremos ideias próprias. Mesmo que o mecanismo aprendido seja do outro, o pano de fundo e os argumentos são de nossas experiências. Assim, não seremos joguetes das ideias alheias e pensaremos com a capacidade de nosso próprio espírito.

Compreendamos que a verdade atual não é absoluta, mas é o melhor que pode ser feito no momento. Então, preciso alicerçar os meus atos na minha verdade e se amanhã essa verdade for ampliada, os meus próximos atos precisarão estar alicerçados nessa ampliação.

Isso é viver conforme a essência do ser e manifestar-se conforme a verdade, e através dela, ocuparmos o lugar único no mundo que nos foi confiado por Deus.

Morte

Uma das etapas do ciclo de vida do encarnado é a morte. Assim como nascemos, é preciso a certeza de que vamos morrer e vivermos as experiências preparados para a morte. Conceituemos a morte enquanto as vertentes do organismo, da personalidade e da existência.

Quanto ao organismo, naquilo que se refere ao corpo físico, há a deterioração e a degradação de seus constituintes. Quanto à existência, ela continua na pátria espiritual que nos abrigará. Nesse meio fica algo que chamamos de personalidade: A soma dos papéis e das responsabilidades que tivemos no mundo terreno. É consistente refletir que esses papéis já não fazem mais sentido, posto que nos colocamos agora, longe do palco preparado na terra para desempenhar a peça daquele aprendizado. Sim, somos personagens num grande palco de teatro, organizado pela vida para que pudéssemos vivenciar determinadas experiências, as quais ainda nos faltavam sabedoria para lidar. Quando essa alma volta ao mundo dos espíritos, experimentará uma perturbação psíquica. É o momento em que precisamos nos despir da personalidade.

Traçamos um paralelo como se a vida na terra fosse a preparação de um suco de laranja. Cortamos a laranja, esprememos e tiramos dela o suco, a essência. Mas acontece que, materializados, carregamos conosco as suas cascas e a cada suco que fazemos, o peso das cascas em nossas costas vai aumentando. Aqui para definirmos a perturbação da morte de maneira simples, é dizermos que a morte é o ato de jogarmos esse saco de cascas fora.

A maioria dos seres humanos só fazem isso no momento da sua morte. É preciso que aprendamos a nos desfazer dessas cascas em diversos momentos de nossas vidas, para que a perturbação da morte não nos tome de maneira tão drástica e duradoura. Resta a alma, que volta à pátria espiritual, agora como espírito, despir-se de sua personalidade. E aqui, vamos definir espírito como alma despida do corpo físico e da personalidade. Alma que conseguiu se desentranhar da matéria, chama-se espírito. Então, há almas no mundo espiritual, mas essas são daqueles que ainda estão encarnados. E há espíritos, em sua maioria, que são aqueles que se encontram desencarnados. Esse espírito, mantém a sua individualidade mesmo sem possuir a personalidade da última existência. Isso, ele o faz através do perispírito, corpo espiritual que acompanhará o espírito em seu processo de evolução.

É importante ressaltar que no momento do desencarne, esse que segue a morte do corpo físico enquanto destruição do invólucro material, frouxam-se os laços entre a alma e o corpo por diminuição da vitalidade. Esses laços não se rompem, no sentido de que a alma ficaria a um só gesto, separada do seu corpo físico. Não, os laços frouxam-se, e mais rápido possível, conforme seja o grau de desidentificação daquela alma com a matéria do corpo denso. Através do apego, a alma se identifica com seu corpo de carne, prolongando o processo da morte.

Ao despertar na espiritualidade, esse espírito sente-se de duas formas: envergonhado pelo mal que cometeu na terra através de seus desejos, ou aliviado, pela justa medida que utilizou o seu patamar de conhecimento e moralidade. É importante notar que não estamos dizendo: envergonhado porque cometeu erros e aliviado porque acertou. Não, envergonhado porque não cumpriu com aquilo que tinha programado antes do reencarne no berço. Não serão os nossos erros e acertos que nos farão aliviados ao retornar para a pátria espiritual, mas a justiça com aquilo que já conquistamos e conseguimos expressar.

A mente é o espelho da vida e o coração é a sua face. É na face do espelho onde forma-se o reflexo das imagens e das sensações da mente. Essas imagens, quando estamos encarnados, necessitam de energia mecânica para tornar-se realidade, mas quando estamos de volta à pátria espiritual, somente o fato delas existirem enquanto reflexo nessa face, já se faz realidade para as nossas percepções.

Na terra, a misericórdia de Deus, dá-nos pelo processo do sono, a oportunidade de um treinamento para a morte. Morremos a cada vez que dormimos, no sentido de que nossas almas voltam à pátria espiritual e renascemos a cada vez que acordamos. E durante esse sono, entramos em contato com os conhecimentos de nossas existências, no sentido de aprender a jogar fora as cascas dos acontecimentos.

Tenhamos o hábito de morrer diante do término de cada experiência, no sentido de não acumular fatos. Os acontecimentos foram materiais didáticos que a vida utilizou para que pudéssemos conhecer algo. Joga-se fora esse material e leva-se o conhecimento que ele proporcionou. Isso é cultivarmos o hábito de morrer a cada dia. E no momento da grande morte, não sofreremos a perturbação porque será bastante passageira. Assim, dizemos que o encarnado se engana no berço para desenganar-se só no momento do túmulo. É preciso que estabeleçamos em nossas vidas os pontos de checagem, momentos de jogar fora os fatos e os acontecimentos, e continuarmos com a essência do seu aprendizado. Isso é desapegar das coisas, das personalidades das pessoas e dos fatos.

Busquemos na existência terrena, o conhecimento e o serviço coletivo, no sentido de cada vez mais nos abrir ao novo, na recapitulação dos conhecimentos. A morte é o diploma de que essas experiências já conseguirão fazer a diferença em nosso campo intelectual. O conhecimento se dá pela reflexão reiterada, enquanto único mecanismo de aprendizagem, onde através do condicionamento dos pensamentos, substancializamos as criações mentais, que no momento de nossa morte virão à tona. Se já não tivermos convivência com cada uma delas, seremos atingidos e obcecados pela imaginação do além-túmulo.

Através da certeza dessas experiências repetidas, utilizemos o momento da morte para reflexão. Aqueles que não aprenderam a morrer, só transformarão os conhecimentos das experiências repetidas em aprendizados, no momento da morte. É onde trazemos os conhecimentos das experiências vivenciadas fora para o centro, a fim de integrá-las aos conceitos de nossas outras vivências na imortalidade.

Morte é a capacidade de se aprofundar no nosso mundo interior, despindo-nos dos fatos e dos acontecimentos, integrando a essência que se tornará em aprendizado. A perturbação da morte se dá pela dificuldade de tirarmos a essência das experiências. O amor, o progresso, a renovação e a sublimação, serão as essências que extrairemos, e todo o restante serão lixos: conglomerado de energia que, através da estagnação, corromperam-se.

Aprendamos através da humildade, a enxergarmos a realidade. Seja ela bonita ou feia, será o único alicerce a suportar-nos no momento da perturbação da morte. Durante o nosso processo de reencarnação e de retorno à pátria espiritual, na terra adquirimos conhecimentos, na pátria espiritual através deles, retornados ao centro, é onde aprenderemos. E de novo, em retorno ao mundo da matéria, provaremos esse aprendizado, e só daí sairemos sábios.

Justiça, Amor e Caridade

A conexão do ser humano com o ser divino, sempre que se fizer, transformará tudo em sua volta. Conectar com o divino, é enxergar as coisas iluminadas pela nossa luz interior, fonte verdadeira do nosso poder. É olhar para as coisas e não questionar: "A que isso pode me ser útil?" Mas sim: "Como poderei eu ser útil a isso?" E descobriremos que nos uniremos ao coração de cada uma das coisas, encontrando nelas, as facetas do divino. Cada célula do nosso corpo possui informação sobre todo o organismo, assim como todas as coisas da natureza possuem informações de Deus. Sua essência é sua realidade expressando o divino.

Sempre que buscarmos a reta ação, ação comprometida, sem apego, no sentido de não nos identificamos com ela, mas reconhecendo que tudo o que existe no mundo ensina-nos, porque tudo é divino, e parte do que foi criado. É assim que o ensaio do artista que busca a perfeição, enxerga o coração das coisas. Através do seu entusiasmo e dos seus esforços, as coisas se mostram a ele em sua divindade.

Ao olharmos para a lei da gravidade, notaremos já na matéria, o princípio da atração, que tudo leva à unidade. Já está aí a expressão singela da lei do amor. Quando reconheço Deus em cada uma de suas criaturas, reconheço-me também fazendo parte do coração de cada uma delas. Isso é realidade, é enxergar a vida com profundidade. Tudo o mais é superficialidade e ilusão, que a morte levará com a decomposição do corpo e o desfazimento da personalidade.

Há dois tipos de prazeres na terra: aqueles que chamamos sensíveis, de característica animal, onde a densidade da matéria sensibiliza os nossos instintos. E os prazeres inteligíveis, aqueles relacionados à alma, enquanto bondade, verdade e fraternidade. Notemos que os prazeres justos, de alma, serão sempre mais intensos.

Os prazeres animais possuem poucos níveis, sensibilizando poucas estruturas em nossos corpos. Já os de alma, acometem todos os níveis, desde o físico, energético, emocional, mental e espiritual. Vale a reflexão de que a sabedoria e a moralidade intensificam os nossos prazeres. E nós que pensávamos que para crescer era preciso deixar de ter prazer. Não, a força da autenticidade e a beleza da harmonia faz do sábio, um diamante brilhante. E assim, precisamos compreender que quando o isolamento da percepção, na impossibilidade das emoções não nos incomodarem mais, é que saberemos ter sem ser possuído e sem possuir as coisas. E vai o exemplo do lago, que na sua superfície, por ser cristalino, reflete o céu, as árvores, as rochas, os pássaros. Tudo está contido nele, mas ele não roubou a existência de nada.

A grande dificuldade da criatura terrena é saber viver o presente, sem ser determinada pelo passado. O aprendizado da lei de causa e efeito, de ação e reação não foi compreendida. A primeira compreensão dela é que o passado determinará o presente e o futuro. Não, isso ocorre apenas para aqueles que se deixam levar pela maré, que resolveram apenas sobreviver. Cristo veio para que tenhamos vida em abundância, então somos senhores do nosso presente, no sentido de começarmos de novo e fazermos um novo fim, compreendendo que a justiça de Deus nunca se apartará da sua misericórdia.

A consciência precisa ser para cada um de nós, a ponte entre a vida e o eu espiritual, no sentido de termos a coragem de expressar verdadeiramente a nossa essência onde estivermos. Essa é uma característica dos sábios. Realizar-se, é ser si mesmo. É manifestar no mundo a sua essência. Presença é colocar-se nas coisas como forma de servi-las, possibilitando o encontro com o bem de cada uma delas.

É disso que precisamos para crescer, saber o que a vida quer de nós. Olhar para os temas que ela nos traz. A cada acontecimento vamos guardando informações. E ao final de um período, reunamos todas e teremos a consciência do material didático que a vida trouxe para o conhecimento necessário ao momento de nossa experiência.

O evangelho de Cristo representa para cada um de nós, o estatuto do amor na Terra. O Cristo que, por três princípios, alterou a vibração do planeta para que entrasse na transição de sua regeneração.

O primeiro princípio de Cristo, foi nos apresentar Deus, enquanto Pai, Aquele que nos ama, independente de nossos acertos ou de nossas quedas. Como segundo tópico, ensinou-nos a vida futura, através do reino de Deus, que não era desse mundo, mas seria reservado aos seus seguidores na senda do amor. E o terceiro princípio do Cristo foi a caridade, o amor em ação.

O fato de colocarmos o alicerce de nossas vidas, instrumentalizados pela vontade dos nossos espíritos, na senda do sofrimento, não condiz com os ensinamentos do Cristo. O amor é o reflexo do criador sobre cada uma das criaturas, em forma de vibração, sabedoria e beleza. É o amor que nos alicerça e que nos põe de pé.

Ao refletirmos que o universo inteiro é mental, ele precisa existir na mente de alguém para se tornar realidade. E assim, vivemos porque existimos na mente do criador. Existimos porque fomos amados por Ele na criação e continuaremos a ser amados imortalidade adentro.

O que nos dá identidade, é o fato de sermos amados. Quando não estivermos mais na mente de ninguém, significa que não mais existiremos. E é assim que Deus, enquanto criador, garante-nos que seremos imortais, pois sempre existiremos em sua mente através do seu amor. É isso que nos dá identidade, o fato de existirmos na mente de Deus.

Mas somente isso, não basta para ter a percepção do sentimento do amor. Para isso, é preciso que o amor saia do alicerce de nossas vidas e transite para aqueles a quem o devotamos. Só sente amor, aquele que tira a essência da sua base e transmite para o outro e tem o amor transitando em si.

O amor que sinto, é o amor que tenho pelo outro. Não entrando na equação o amor que o outro sente por mim, porque quem sente é ele, e será o beneficiário desse sentimento. Então, é importante que amemos para expressar o divino em nós. Mas que os outros nos amem, isso jamais foi parâmetro de consideração de grandeza, perante os ensinamentos do Cristo. Esse, que amou a todos, mas que foi julgado e condenado por muitos. Mas essa condenação, jamais tirou o brilho do seu amor e o espaço que esse ocupava no preenchimento de seus vazios.

É importante saber que o amor é fundamento da vida e justiça de toda lei. Sem amor, não há vida, nem alicerce. Se não fôssemos amados por Deus, não existiríamos. E assim também, sem amor, não há justiça. Justiça sem amor, será sempre vingança.

Essas três palavras definem uma única lei e não podem ser dissociadas: justiça, amor e caridade. Aquele que é justo, ama e pratica a caridade. Aquele que ama, pratica a caridade e também é justo. O amor enquanto alicerce de tudo, será sempre o fundamento da vida, o expressar-se da existência para manifestação no mundo através da essência divina, que reside em nossa alma.

O amor é silenciosa esperança, aguardando a evolução dos princípios e a decisão das consciências. Percebamos que o amor nos traz a responsabilidade de aguardar a evolução daqueles que amamos e a decisão de suas consciências em se manifestarem no mundo. O amor reconhece que cada ser amado está num patamar diferente da evolução. E assim, não podemos cobrar deles aquilo que neles ainda não foi despertado pela vida.

É assim, que o livre arbítrio entra na composição do amor. Quem ama precisa dar a liberdade para o outro escolher conforme a sua consciência, sua vivência e suas dificuldades. Compreendamos que Deus que nos ama, acalenta e nunca nos violenta, no sentido de cobrar algo que ainda não podemos ser, porque a vida ainda não nos deu oportunidade de desenvolver.

Se Deus que nos ama, faz isso conosco, por que é que violentamos aqueles que amamos, querendo que sejam do nosso jeito para continuarmos a amá-los? Essa é a grande disparidade entre o verdadeiro amor que acalenta e o falso amor que violenta.

Deus não nos cobra prazo para a ascensão, evolução ou manifestação dessa ou daquela expressão. Ele aguarda que nos reconciliemos com o bem. Essa, a misericórdia e a responsabilidade que não se distancia do bem para a plenitude da vivência da felicidade.

É importante que compreendamos que se temos vontade, é preciso que também tenhamos responsabilidade. Aquele que escolhe diante do amor, precisa ser responsável pelos seus atos. Essa é a condição que o amor impõe para que o ser amado continue se desenvolvendo.

Se nós, enquanto aquele que ama, tomarmos para nós a responsabilidade do ato dos seres amados, eles jamais crescerão. E assim, jamais aprenderão a expressar o amor. Precisamos compreender que vontade não é liberdade para fazermos tudo o que queremos. Não, vontade é licença para aprendermos a gostar do que é verdadeiro. Porque a vontade só será livre quando estiver atrelada à verdade.

Quando a vontade não estiver atrelada à verdade, ela estará com a ilusão. E a todo aquele que se ilude, chegará o dia da desilusão. E nesse dia, estará comprometido com tudo o que ignorou.

Quando nos iludimos, comprometemo-nos com algo que não é verdade, que desequilibrará o universo, e ficamos atrelados ao compromisso de restaurar essas energias que roubamos do todo.

Fomos criados livres, mas cada compromisso que assumimos, tolhe parte dessa liberdade, colocando-nos na fatalidade. Aquele que se compromete é escravo do compromisso assumido.

Reflitamos em nossas vidas: Quais os compromissos que estamos assumindo, que estão tolhendo a nossa liberdade de agir? E diante deles, ir mais além. Deus não nos cobrou que fizéssemos compromisso nenhum, mas depois do compromisso assumido, somos escravos dele. Perdemos a liberdade, porque não somos mais livres para escolher, quando precisamos cumprir o compromisso ou a devolução da energia que roubamos do universo pelo fato de não termos cumprido o acordado.

Deus nos deu a liberdade. Mas a cada compromisso assumido, vamos nos colocando diante da lei de ação e reação: Já não somos mais livres para escolher, porque estamos diante das reações que causamos.

O superior precisa ajudar o inferior, porque é dado ao superior, estar na presença desse, adensando suas energias. Mas não é dado ao inferior, subir até o superior, porque esse não possui ainda, condições de sutilizar suas energias. Então, amor é algo do superior que desce, para atender o inferior que sofre.

Notemos a passagem conhecida do livro "Nosso Lar", onde a mãe de André Luiz, projeta sua nova encarnação para atender ao seu esposo de outra vida, que tinha traído seu casamento com duas outras moças. Como ele não poderia subir até ela, o amor fez com que ela descesse até ele para resgatá-lo. E esse resgate começaria com ela sendo mãe dessas duas moças, que a traíram. E o pai de André, agora, como pai de cada uma delas, para devolver aquilo que delas tinha roubado enquanto possibilidades e afetos. Esse é o amor que ama! O amor, que apesar de estar em cima, desce para resgatar.

É no sentimento do trânsito do amor que precisamos alcançar a essência que suprirá os vazios de nossas almas. Amar é o fundamento e a motivação da vida. Só existimos porque alguém nos ama. E só nos movemos porque amamos alguém. Sim, esse é o hálito do criador, o plasma divino. Esse plasma é o quarto estado da matéria. Conhecemos o estado sólido, líquido e gasoso. Mas na esfera espiritual, encontraremos esse quarto estado, que já está sendo desvendado pela ciência terrena: o plasma, enquanto estado de maior dissociação das moléculas, onde as energias tornam-se mais evidentes e poderosas.

Para manifestarmos o amor é preciso cultura intelectual e aprimoramento moral. Muitas vezes colocamos o amor como a asa do sentimento, mas ele é mais que isso. O amor é manifestação de uma vida, que só pode ser realizado quando o intelecto e a moralidade se unem. O intelecto, no sentido de que eu não posso assumir para mim as expiações e nem as provações do outro. Ele é quem precisa passar por elas para erguer-se em degrau na sua escala evolutiva. Se eu tomar para mim o que lhe cabe, ele permanecerá no seu mesmo local de sofrimento. Então, quem ama sabe quais as suas responsabilidades e quais as do outro.

Quando ajudamos alguém, precisamos dar o que ele necessita, e não o que ele deseja. Esse, o fundamento da difícil prática de amar. Nós na terra, estamos desenvolvendo esse sentimento, ainda partindo da forma instintiva das paixões. Nós amamos o outro, desde que ele corresponda às nossas expectativas. Esse não é o amor que nos suportará, nem que nos salvará.

Perfeição e Plenitude

Sempre que olhamos para a manifestação do homem no mundo, é preciso considerar os desafios ao seu autodescobrimento. Qual é a verdade? Quem sou eu? O homem que se manifesta forte, mas que em alguns momentos da vida é tomado pelas emoções de uma menina frágil, e não se reconhece diante daquela situação? É o ego do homem forte que traz à tona o inconsciente da menina frágil, nas suas duas polaridades, porque na vida, precisaremos de força, mas também da fragilidade de pedirmos ajuda daqueles que estão à frente.

O homem forte é a personalidade construída para dar conta da dificuldade da vida. A menina frágil é a manifestação do seu inconsciente em polaridade, para que haja união, para que nos percebamos contidos na atitude do homem forte, mas também na característica da menina frágil.

E aí, a questão que se levanta é: Quem sou eu? O homem forte ou a menina frágil que se manifesta em dados momentos de minha vida? A resposta é que se traçarmos as nossas identificações, em termos de ser um ou outro, sempre sairemos perdendo. Somos aqueles que integram essas duas polaridades, e que em um momento da vida, usa a força enquanto energia de rompimento, porque há relacionamentos que necessitam ser rompidos. E em outras vezes, em termos de conexões, porque há relacionamentos que necessitam ser restaurados.

É assim, que a potência da independência dada pelo homem forte e a energia da fragilidade vinda da menina frágil, torna para cada um de nós e para o ego, ferramentas de vida, enquanto novas possibilidades. A alma para encontrar a perfeição, busca a totalidade. A oportunidade de expressar o homem forte, a menina frágil, a mulher astuta. E quanto mais personagens, vai enriquecendo cada vez mais o seu enredo. Isso é buscar totalidade nas ferramentas que nos servirão adiante.

Se precisamos apertar um parafuso, mas só temos um martelo, seja ele o mais perfeito do mundo, não conseguiremos apertá-lo porque falta uma chave de fenda. E assim é, quando queremos cortar algo com o martelo ou com a chave de fenda. Estaremos limitados, mesmo sendo eles os mais perfeitos do mundo, necessitaremos de um serrote.

É aqui que precisamos compreender que a busca da alma humana, não é apenas pela perfeição, mas também pela plenitude. Aquilo que somente a totalidade vai nos oferecer. Então, autodescobrimento é acrescentar mais possibilidades ao nosso repertório. Mais atores, mais ferramentas. Autodescobrimento não é para ficar polindo o martelo que achamos que somos. Não, o ego não pode identificar-se com nenhuma dessas possibilidades. Ele precisa saber usar cada uma delas no momento certo que a vida lhe cobrar.

Esse ego, então, não pode ser nem martelo, nem chave de fenda, nem serrote. Ele precisa transitar entre elas, segundo as necessidades da vida, sem perder a sua coerência com os valores humanos. Sem perder a sua identidade. Não somos martelo, nem chave de fenda e nem serrote. Mas sabemos quem somos no meio desses três. Somos o ser que sabe utilizá-los no momento correto para a perpetuação dos valores humanos da verdade, da justiça, da fraternidade e do amor.

Para amar verdadeiramente, é preciso contar com cada uma dessas possibilidades. Não no intuito de tirar a expiação e a prova da vida dos outros. Mas no sentido de suprirmos as suas necessidades nos momentos em que não possam responsabilizar-se por elas. Essa é a necessidade de estarmos abertos para a vida. O amor, se revelará em nós, se a nossa disposição de servir o próximo existir. A vida só nos entregará mais recursos, quando os nossos propósitos para os empregar estiverem de acordo com o planejamento dela.

É importante reconhecermos que se o universo é um ser harmônico e de sucesso, é porque possui estruturas que lhe trazem retorno de sucesso e harmonia. Somos essa estrutura. O sucesso do universo depende do sucesso de cada uma das suas partes. Então, a vida não investirá os seus recursos no que não interessa ao todo.

É assim que se dá a abertura do homem para as bênçãos da vida. Ele precisa ser a estrutura de serviço considerada por ela para o sucesso de todos. Uma benção só será repassada a nós se houver propostas de sua distribuição para a melhoria do mundo em nossa volta.

Esse homem que é mente, emoção, energia e físico, em cada um desses corpos componentes, necessita de abertura para que os recursos do amor cheguem até ele. No campo mental, estar aberto é ser curioso, criativo. É refletir o que existe na pátria espiritual, o plano das ideias. Tudo o que existe na Terra foi, primeiramente, concebido no plano das ideias. O homem precisa ser uma ponte, um pontífice, no sentido de sua cabeça tocar o céu e captar o plano das ideias, e o pé na terra, no projeto de implantar e manifestar para desenvolver e evoluir o mundo material.

Através do discernimento, o homem enxerga o cerne das coisas. Descobre ele, a essência de todas elas, descartando a superficialidade. Pelo discernimento é que olhamos para um acontecimento da vida, seja ele alegre ou triste, e recolhemos o seu aprendizado enquanto essência, jogando fora os fatos. Porque esses foram apenas laboratórios para os aprendizados que já alcançamos.

Olhando o homem que dirigia a biga nos coliseus romanos, e aquele que hoje dirige os jatos, vemos que a única coisa que mudou foi a biga, que se transformou no jato. Esse homem é ainda, segundo sua moralidade, bastante infantil. O homem que se desenvolveu tecnologicamente, mas se manteve na mesma estatura moral. O homem hoje, tornou-se tão perigoso quanto um bebê que segura em sua mão, uma faca de última geração. Ele pode ferir a si e ao outro em sua volta. Esse homem é comparado a um corpo infantil que cresceu apenas um braço. Um braço adulto num corpo de criança. E esse, por não guardar as proporções com o corpo, acaba por muitas vezes machucando-o.

Quanto ao plano emocional, o do coração, precisamos também de abertura para expressarmos o amor. É através dos laços afetivos, que precisamos primar pelo respeito ao marco psicológico do outro, dependendo do seu patamar evolutivo. O amor não cobra saltos e nem que o ser amado se modifique. Essa é a dificuldade de compreender o amor na Terra. Se o outro precisa mudar para que gostemos dele, significa que não gostamos do que ele é, mas do que ele pode ser no futuro. Não há a expressão de amor num relacionamento onde uma pessoa quer mudar a outra.

No campo emocional, é preciso que reconheçamos o valor das coisas. As coisas não possuem valor apenas quando necessitamos delas. Esse é um amor egoísta. As coisas não existem somente quando nos servem. A abertura no campo emocional é considerarmos não mais como essa coisa pode ser útil a nós, mas como podemos ser úteis a ela.

Já no campo energético, que chamaremos de campo de recursos, englobaremos também o dinheiro e as riquezas. São eles recursos da vida, que muito nos ajudarão se empregarmos no avanço do conhecimento intelectual e no aprimoramento moral de nós mesmos e dos outros. É preciso dedicar os recursos que nos vem à mão para as necessidades alheias. Esse é um homem aberto no campo energético e isso percebemos nas leis da natureza. Uma macieira para cumprir a sua missão de se perpetuar na terra, necessita apenas dar uma única maçã. Mas ela dá centenas, porque sabe que oferecendo, será instrumento do amor para a sua realização e plenitude.

As necessidades são os componentes energéticos da abertura que o amor necessita. Somos responsáveis para suprir as necessidades daqueles que não tem condições de supri-la naquele momento. Não os seus desejos, mas o necessário, sem assumir a sua expiação e nem a sua provação.

A pessoa aberta é aquela em que as coisas fluem dela para o meio e vice-versa. Essa é a expressão do amor, crescer junto com os demais. Não quer para ela sozinha. Torce para o sucesso dos outros que estão à sua volta, porque quando alguém cresce, o mundo inteiro se desenvolve.

É aquela, que quando encontra o medo, não se paralisa frente a ele, mas segue com cuidado.

Se o caminho do medo levar à verdade, ele precisa ser trilhado com prudência. Pois, a primeira etapa daquele que se coloca a conhecer-se, é amar a verdade, mesmo que ela esteja escondida atrás do medo. A próxima é expressá-la na vida através do amor.

Ficha Técnica

Título
Medicações Espirituais : a felicidade
se revela quando a vocação encontra
seu propósito

Autoria
Luis Fernando Petraca
Frei Fabiano de Cristo (Espírito)

Edição
1ª

ISBN
978-65-87210-71-1

**Capa, Projeto gráfico
e diagramação**
César Oliveira

Revisão da diagramação
Irene Stubber Peinado

Revisão Ortográfica
Bianca Bierhals

**Coordenação e preparação
de originais**
Maria José da Costa e Ednei Procópio

Composição
Adobe Indesign 2024
(plataforma Windows)

Páginas
256

Tamanho
Miolo 16x23
Capa 16x23 com orelhas de 8cm

Tipografia
Texto principal: Adobe Garamond
Pro 12, 18pt
Título: Against 25, 26 pt
Notas de rodapé: Adobe Garamond Pro, 9pt

Margens
Margens: 25mm, 25mm, 25mm, 25mm
(superior:inferior:interna;externa)

Papel
Miolo Polén Bold 70g/m²
Capa Suzano Supremo 250g/m²

Cores
Miolo 1x1 cor
Capa em 4x0 CMYK

Acabamento
Miolo: Brochura, cadernos de 32
páginas, costurados e colados.
Capa: Laminação Fosca

Impressão
Instituto D' Esperance

Tiragem
1.000 exemplares

Produção
Novembro 2024

nossas

publicações
www.editoradufaux.com.br

SÉRIE REFLEXÕES DIÁRIAS

PARA SENTIR DEUS

Nos momentos atuais da humanidade sentimos extrema necessidade da presença de Deus. Ermance Dufaux resgata, para cada um, múltiplas formas de contato com Ele, de como senti-Lo em nossas vidas, nas circunstâncias que nos cercam e nos semelhantes que dividem conosco a jornada reencarnatória. Ver, ouvir e sentir Deus em tudo e em todos.

Wanderley Oliveira | Ermance Dufaux
11 x 15,5 cm
133 páginas

Somente ebook

LIÇÕES PARA O AUTOAMOR

Mensagens de estímulo na conquista do perdão, da aceitação e do amor a si mesmo. Um convite à maravilhosa jornada do autoconhecimento que nos conduzirá a tomar posse de nossa herança divina.

Wanderley Oliveira | Ermance Dufaux
11 x 15,5 cm
128 páginas

Somente ebook

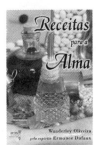

RECEITAS PARA A ALMA

Mensagens de conforto e esperança, com pequenos lembretes sobre a aplicação do Evangelho para o dia a dia. Um conjunto de propostas que se constituem em verdadeiros remédios para nossas almas.

Wanderley Oliveira | Ermance Dufaux
11 x 15,5 cm
146 páginas

Somente ebook

SÉRIE CULTO NO LAR

VIBRAÇÕES DE PAZ EM FAMÍLIA

Quando a família se reune para orar, ou mesmo um de seus componetes, o ambiente do lar melhora muito. As preces são emissões poderosas de energia que promovem a iluminação interior. A oração em família traz paz e fortalece, protege e ampara a cada um que se prepara para a jornada terrena rumo à superação de todos os desafios.

Wanderley Oliveira | Ermance Dufaux
16 x 23 cm
212 páginas

JESUS - A INSPIRAÇÃO DAS RELAÇÕES LUMINOSAS

Após o sucesso de "Emoções que curam", o espírito Ermance Dufaux retorna com um novo livro baseado nos ensinamentos do Cristo, destacando que o autoamor é a garantia mais sólida para a construção de relacionamentos luminosos.

Wanderley Oliveira | Ermance Dufaux
16 x 23 cm
304 páginas

REGENERAÇÃO - EM HARMONIA COM O PAI

Nos dias em que a Terra passa por transformações fundamentais, ampliando suas condições na direção de se tornar um mundo regenerado, é necessário desenvolvermos uma harmonia inabalável para aproveitar as lições que esses dias nos proporcionam por meio das nossas decisões e das nossas escolhas, [...].

Samuel Gomes | Diversos Espíritos
14 x 21 cm
223 páginas

AMOROSIDADE - A CURA DA FERIDA DO ABANDONO

Uma das mais conhecidas prisões emocionais na atualidade é a dor do abandono, a sensação de desamparo. Essa lesão na alma responde por larga soma de aflições em todos os continentes do mundo. Não há quem não esteja carente de ser protegido e acolhido, amado e incentivado nas lutas de cada dia.

Wanderley Oliveira | Ermance Dufaux
16 x 23 cm
300 páginas

SÉRIE DESAFIOS DA CONVIVÊNCIA

QUEM SABE PODE MUITO. QUEM AMA PODE MAIS

A lição central desta obra é mostrar que o conhecimento nem sempre é suficiente para garantir a presença do amor nas relações. "Estar informado é a primeira etapa. Ser transformado é a etapa da maioridade." - Eurípedes Barsanulfo.

Wanderley Oliveira | José Mário
16 x 23 cm
312 páginas

QUEM PERDOA LIBERTA - ROMPER OS FIOS DA MÁGOA ATRAVÉS DA MISERICÓRDIA

Continuação do livro "QUEM SABE PODE MUITO. QUEM AMA PODE MAIS" dando sequência à trilogia "Desafios da Convivência".

Wanderley Oliveira | José Mário
16 x 23 cm
320 páginas

SERVIDORES DA LUZ NA TRANSIÇÃO PLANETÁRIA

Nesta obra recebemos o convite para nos integrar nas fileiras dos Servidores da Luz, atuando de forma consciente diante dos desafios da transição planetária. Brilhante fechamento da trilogia.

Wanderley Oliveira | José Mário
14x21 cm
298 páginas

 ## SÉRIE HARMONIA INTERIOR

LAÇOS DE AFETO - CAMINHOS DO AMOR NA CONVIVÊNCIA

Uma abordagem sobre a importância do afeto em nossos relacionamentos para o crescimento espiritual. São textos baseados no dia a dia de nossas experiências. Um estímulo ao aprendizado mais proveitoso e harmonioso na convivência humana.

Wanderley Oliveira | Ermance Dufaux
16 x 23 cm
312 páginas

 ESPANHOL

MEREÇA SER FELIZ - SUPERANDO AS ILUSÕES DO ORGULHO

Um estudo psicológico sobre o orgulho e sua influência em nossa caminhada espiritual. Ermance Dufaux considera essa doença moral como um dos mais fortes obstáculos à nossa felicidade, porque nos leva à ilusão.

Wanderley Oliveira | Ermance Dufaux
16 x 23 cm
296 páginas

 ESPANHOL

Livros que transformam vidas!

Acompanhe nossas redes sociais

(lançamentos, conteúdos e promoções)

- @editoradufaux
- facebook.com/EditoraDufaux
- youtube.com/user/EditoraDufaux

Conheça nosso catálogo e mais sobre nossa editora. Acesse os nossos sites

Loja Virtual
- www.dufaux.com.br

eBooks, conteúdos gratuitos e muito mais
- www.editoradufaux.com.br

Entre em contato com a gente.

Use os nossos canais de atendimento

- (31) 99193-2230
- (31) 3347-1531
- www.dufaux.com.br/contato
- sac@editoradufaux.com.br
- Rua Contria, 759 | Alto Barroca | CEP 30431-028 | Belo Horizonte | MG

Impressão e Acabamento | Gráfica Viena
Todo papel desta obra possui certificação FSC® **do fabricante.**
Produzido conforme melhores práticas de gestão ambiental (ISO 14001)
www.graficaviena.com.br